EVA-MARIA FAHMÜLLER

GENIALE PSYCHOPATHEN – LABILE KOMMISSARE

Figuren mit psychischen Störungen im aktuellen deutschen Krimi

AF548048

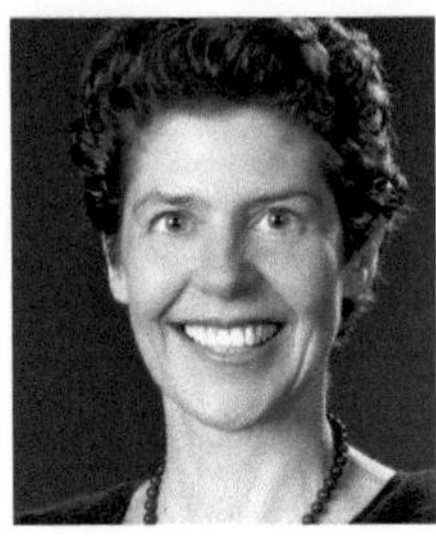

Über die Autorin

Eva-Maria Fahmüller studierte Neuere Deutsche Literatur und Philosophie an der Philipps-Universität Marburg und der Freien Universität Berlin. Sie promovierte über postmoderne Strömungen in der deutschen Literatur um 1990.

Seit 2000 arbeitet sie als freie Dramaturgin für Film und Fernsehen. Sie ist außerdem als Dozentin tätig unter anderem an der Filmuniversität Babelsberg Konrad Wolf und der Master School Drehbuch, die sie 2009 als Inhaberin übernahm. Dort veranstaltet sie zahlreiche Aus- und Weiterbildungsangebote für Drehbuchautoren und Stoffentwickler wie das knapp viermonatige Vollzeit-Programm „Ausbildung zum Autor für Film & TV" mit jeweils circa 20 Dozenten und Gästen.

Eva-Maria Fahmüller ist seit 2007 Vorstandsmitglied, seit 2016 Vorsitzende von VeDRA, dem Verband für Film- und Fernsehdramaturgie e.V. Sie ist Mitveranstalterin der Tagung FILMSTOFFENTWICKLUNG und verantwortet dort unter anderem die Gesprächsreihe „Neue Dramaturgien".

AUS FREUDE AM DENKEN!

Schriften zu dramaturgischen und filmwissenschaftlichen Aspekten

Die Master School Drehbuch bietet seit 1995 Seminare und Lehrgänge in den Bereichen Drehbuchschreiben und Dramaturgie an.

Der stets angeregte Austausch unserer Dozentinnen und Dozenten über verschiedene dramaturgische und filmwissenschaftliche Aspekte war unsere Motivation, im Jahr 2015 die Master School Drehbuch EDITION zu gründen und Texte unterschiedlicher Länge zunächst als eBooks in digitaler Form zu publizieren. Inzwischen sind alle unsere Schriften auch als Print-Version erhältlich.

Es ist unser Ziel, unseren Gedanken und Überlegungen in einem eigenen Verlag ein Forum zu bieten. Es macht uns Freude, tiefer in bestimmte dramaturgische und filmwissenschaftliche Themen einzusteigen.

Leserinnen und Lesern bieten unsere Texte einen kompakten und übersichtlichen Zugang. Einzelne dramaturgische und filmwissenschaftliche Aspekte werden intensiv und prägnant beleuchtet.

EVA-MARIA FAHMÜLLER

GENIALE PSYCHOPATHEN – LABILE KOMMISSARE

Figuren mit psychischen Störungen im aktuellen deutschen Krimi

master school drehbuch EDITION ESSAY

Bibliografische Information der Deutschen Nationalbibliothek
Die Deutsche Nationalbibliothek verzeichnet diese Publikation in der Deutschen Nationalbibliografie; detaillierte bibliografische Daten sind im Internet über *http://dnb.d-nb.de* abrufbar.

Deutsche Originalausgabe
Master School Drehbuch EDITION
© 2018 Master School Drehbuch e.K., Berlin
Wartenburgstraße 1 B
D-10963 Berlin
0049 (0)30 325 38 355
www.masterschool.de
info@masterschool.de
Alle Rechte vorbehalten

Layout und Satz: Edgar Lange
Lektorat: Babette Jonas

Herstellung und Vertrieb: BoD – Books on Demand, Norderstedt
ISBN: 978-3-946930-03-7 (Print-Version)

INHALT

GENIALE PSYCHOPATHEN – LABILE KOMMISSARE

FIGUREN MIT PSYCHISCHEN STÖRUNGEN IM AKTUELLEN DEUTSCHEN KRIMI

Welche Geschichten, welche Typen, welche Standards, Muster oder Codes erzählen wir über psychische Krankheiten? Welche Bilder von Erkrankten setzen sich dadurch in unserer Vorstellung fest? Und was sagen diese Darstellungen im Umkehrschluss über unsere Gesellschaft aus? Diese und ähnliche Fragen beschäftigen mich. Seit 2012 hatte ich in mehreren Vorträgen die Gelegenheit, mich intensiver mit diesen Themen auseinanderzusetzen.[1]

Dem vorausgegangen ist eine nicht repräsentative Erhebung über Filmfiguren mit psychischen Krankheiten auf namhaften Sendeplätzen im deutschen Fernsehen. Darin wird untersucht, in welchen Typisierungen Figuren im Zusammenhang mit psychischen Störungen häufig erzählt werden. Maßgeblich ist dort auch die Frage, in welchem Genre sie auftreten und welche Funktion sie dabei erfüllen.

1 Dabei ging es jeweils um unterschiedliche Aspekte in der Darstellung von psychischen Krankheiten und Krisen, aber auch von Psychiatrie und Psychologen im Fernsehen (Krimi und Drama) und Kino: Auswahl: FilmStoffEntwicklung 2012 (VeDRA) (mit Norbert Maass), Workshops des Aktionsbündnisses Seelische Gesundheit 2014 und 2015, 30. Eickelborner Fachtagung zu Fragen der Forensischen Psychiatrie 2015, ceres Ringvorlesung Universität zu Köln 2016, Universitäten Zürich und Bern 2017, Ringvorlesung Mental Health der Universität Heidelberg 2018, 47. Langeooger Psychotherapiewoche 2018. Der Vortrag auf dem Workshop des Aktionsbündnisses Seelische Gesundheit 2015 wurde vom Deutschlandfunk in der Reihe Hörsaal am 09.08.2015 unter dem Titel „Psychische Krankheiten: Kaputte Helden I" als Podcast veröffentlicht und ist im Internet abrufbar: https://www.deutschlandfunknova.de.

Der hier veröffentlichte Aufsatz bezieht sich auf den Teilbereich TV-Krimi. Die Erhebung zeigt, dass im Kontext psychischer Störungen zwei Stereotype im aktuellen deutschen Krimi gängig sind, die im Folgenden ausführlich erörtert werden: der Täter mit Persönlichkeitsstörung – und der Kommissar mit psychischen Problemen.

Der Aufsatz beschreibt nicht nur Hintergründe, Stereotype und Trends dieser Krimi-Figuren. Er stellt auch den Bezug zur Wirklichkeit her, indem er die einzelnen Typen als Ausdruck gesellschaftlicher Bedürfnisse und Strömungen versteht. Und schließlich versucht er die Rückwirkung des jeweiligen Figurentypus auf den Zuschauer auszuloten: zwischen der Erfüllung bestimmter Genre-Erwartungen an den Krimi und den Möglichkeiten einer entstigmatisierenden Darstellung der psychischen Erkrankung. Im Zentrum stehen aktuelle Fernsehfiguren, doch spielen das Kino und die Filmgeschichte als Bezugsgrößen vor allem zu Beginn, aber auch später immer wieder eine Rolle.

TÄTER MIT PSYCHISCHEN STÖRUNGEN

HINTERGRÜNDE

Figuren mit psychischen Störungen werden in mehr als 40 Prozent der in der genannten Erhebung untersuchten 32 TV-Movies als Täter im Krimi dargestellt. Sie sind demnach die am häufigsten gezeigten Typen mit psychischer Störung im deutschen Fernsehen.[2] Dabei handelt es sich um Vergewaltiger, Serienmörder, Sadisten, Pädophile, die ihre Fantasien ausleben oder Figuren, die andere belästigen bis hin zu Stalkern. Häufig werden sie als ‚Psychopathen' bezeichnet. Sie gelten als bedrohlich bis aggressiv, empathieunfähig und in der Lage, moralische Grenzen zu überschreiten. Die Begriffe ‚Psychopath' und ‚Psychopathie' werden in realiter in dem heute gebräuchlichen internationalen Klassifikationssystem für Krankheiten, dem ICD-10, jedoch nicht mehr verwendet. Stattdessen ist von verschiedenen Persönlichkeitsstörungen die Rede, wie zum Beispiel von der paranoiden, der dissozialen oder der narzisstischen Störung. Eine Persönlichkeitsstörung unterscheidet sich von einer vorübergehenden Krise oder Krankheit, die mit

2 Von 136 untersuchten Einzelfilmen – auf den prominenten Sendeplätzen ARD: TATORT/POLIZEIRUF, ZDF: DER FERNSEHFILM DER WOCHE vom 01.01.2013 bis 09.03.2014 sowie den Grimme-Nominierungen der Jahre 2013 und 2014 aus dem Bereich ‚Fiktion Einzelsendungen' – enthalten 32 Filme Figuren, die ausgeprägte Symptome einer psychischen Störung zeigen. Das Krankheitsbild, das dabei mit 40,6% am häufigsten vertreten ist, ist die Persönlichkeitsstörung und der Krimi das Genre mit den meisten psychisch kranken Figuren. Auch bei den Grimme-Nominierungen, die von psychisch Kranken erzählen, ist das Genre Krimi stark vertreten: fünf Krimis, fünf Dramen und eine Komödie. Im Krimi stellt der Täter mit psychischer Störung die gängigste Variante dar: Zwölf Täter gegenüber drei Kommissaren, fünf Opfern, zwei Zeugen, sechs Verdächtigen.

einer befristeten Wesensänderung einhergeht. Sie bezeichnet stattdessen ein relativ stabiles abnormes Verhalten, das einen Charakter längerfristig bestimmt.

Um zu verstehen welche Rolle diese Täter in Krimis spielen, werden zunächst die Wirkungsweise und die Tradition des Kinothrillers beleuchtet. Denn dies ist die maßgebliche Spielart, in der diese Figuren auftauchen:
In Ergänzung zum eher rationalen ‚Whodunit' oder ‚Whydunit' des Krimis, steht im Thriller die Erzeugung größtmöglicher Spannung im Vordergrund. Durch verschiedene Spannungstechniken wie beispielsweise Suspense soll ein durchgängiger Thrill, also Schauer/Kitzel/Erregung erzeugt werden. Der Thriller erzählt deshalb immer vom Einbruch des Unberechenbaren oder Zerstörerischen in eine vermeintlich heile, fest gefügte Welt. So wird der Zuschauer in Kinofilmen wie DUELL[3] oder DEAD CALM[4] in Höchstspannung versetzt, weil ‚Menschen wie du und ich' von Tätern bedroht und in ihrer Existenz in Frage gestellt werden. David Mann, ein durchschnittlicher Geschäftsmann, der mit einem Pkw unterwegs ist, wird in DUELL von einem Truck auf kalifornischen Highways lebensgefährlich bedrängt, belauert, gerammt und verfolgt. In DEAD CALM nimmt das Ehepaar John und Rae Ingram auf einer Segelreise den einzigen Überlebenden eines Schoners an Bord. Kurz darauf entdeckt John dass die gesamte Mannschaft des Schoners ermordet wurde, während der Schiffbrüchige bereits Rae in seine Gewalt gebracht hat, um sie zu töten. Ein verzweifelter Kampf um Leben und Tod auf dem offenen Meer beginnt.

Der Thriller bietet dem Zuschauer die Identifikation mit den bedrohten Figuren. Das Opfer, das um sein Leben fürchtet, ist deshalb die Hauptfigur.

---

3 DUELL: R: Steven Spielberg, B: Richard Matheson, USA 1971. DUELL war ursprünglich als Fernsehfilm geplant, wurde dann aber sehr erfolgreich im Kino vermarktet.
4 DEAD CALM (Todesstille): R: Phillip Noyce, B: Terry Hayes, Australien/USA 1989.

Aus seiner Perspektive wird die Geschichte erzählt, seine Angst wird dem Zuschauer vermittelt.

Dabei haben sich psychisch kranke Täter mittlerweile als gängige Antagonisten etabliert. Der Medienwissenschaftler Hans Jürgen Wulff beschreibt die Entstehungsgeschichte dieses Figurentypus: *„Im reinen Gangsterfilm (der 40er-Jahre) traten kriminelle Psychopathen fast nur in Nebenrollen auf, als gemietete Killer, als Vollstrecker, als Mörder der einen oder anderen Art.“*[5] Laut Wulff ist WHITE HEAT[6] aus dem Jahr 1949 der erste Film mit einer psychopathischen Figur im Zentrum. Der Gangster Arthur Cody erleidet einen Nervenzusammenbruch, als er vom Tod seiner Mutter erfährt. Seine letzten Worte, auf einem Öltank stehend, kurz bevor dieser in die Luft fliegt und geschrien beim Schusswechsel mit der Polizei, widmet er den Erwartungen seiner Mutter an ihn. Sie wurden zu einem bekannten Filmzitat: *„Made it, Ma! Top of the world!“*[7]

In den 50er-Jahren, seit dem Siegeszug der Psychoanalyse, entstanden zunehmend Filme mit Figuren, die an die Überlegungen des Begründers der Psychoanalyse, Sigmund Freud, angelehnt waren. Bezeichnend daran ist, dass das Unberechenbare nicht mehr nur als etwas Äußeres, Fremdes dargestellt wird, das mit unlauteren Mitteln nachvollziehbare Ziele verfolgt – wie zum Beispiel die Mafia, der es um Einfluss und Reichtum geht. Das Unberechenbare kommt ab dato vermehrt aus der Psyche eines Menschen selbst, es ist der Figur innewohnend und macht sie zu einer abnormen Persönlichkeit. Bahnbrechende Beispiele dafür findet man im Werk Alfred Hitchcocks. Das vermutlich bekannteste ist PSYCHO[8], in dem sich Hitchcock

---

5 Hans J. Wulff: Psychiatrie im Film. 3. Die Kranken II: Psychopathien und Fetische. In: http://www.derwulff.de/1-4-3, S. 3.
6 WHITE HEAT (Sprung in den Tod): R: Raoul Walsh, B: Virginia Kellogg, Ivan Goff, Ben Roberts, USA 1949.
7 Vgl.: https://www.youtube.com/watch?v=OjzKiEs_pHI.
8 PSYCHO: R: Alfred Hitchcock, B: Joseph Stefano, USA 1960.

verschiedener Stilmittel des Horror-Genres bedient und gegen zahlreiche Filmstandards verstößt: Der Mord an der vermeintlichen Protagonistin, der Sekretärin Marion Crane, in der ersten Hälfte des Films bedeutet einen Bruch des Dramatischen und den Verlust der zunächst etablierten Perspektive. Danach zwingt Hitchcock den Zuschauer insbesondere durch die Kameraführung dazu, sich der Ambivalenz der Figuren auszusetzen, so auch der des Täters Norman Bates. Der Zuschauer sieht beispielsweise wie Bates ein Bild von der Wand nimmt, hinter dem sich ein Loch verbirgt. Dann folgt die Kamera Bates' Blick durch das Loch und erfasst Marion, die sich auszieht um zu duschen. Der Zuschauer wird mit Bates zum Voyeur.

Interessant an PSYCHO ist demnach weniger die aufgezeigte psychologische Fallstudie eines Mutterkomplexes: Bates verkleidet sich als seine herrschsüchtige tote Mutter und mordet in ihrem Namen Frauen, für die er sich als Mann interessiert. Außergewöhnlich ist vielmehr das Spiel mit dem Zuschauer, der in das Geschehen einbezogen wird, dessen Erwartungen aber immer wieder gebrochen werden. Viele seiner Beobachtungen erweisen sich im Verlauf der Geschichte als Täuschung: Auch andere Figuren, die nach dem Mord an Marion Crane die Handlung vorantreiben, sterben – so Detective Milton Arbogast. Zunächst weist alles auf Bates' Mutter als Mörderin hin, doch sie ist lange tot. Am Ende wird Bates selbst als Täter gefasst, seine Störung analysiert. Allerdings stellt die rationale Erklärung des Psychiaters die Ordnung nicht wieder her. Stattdessen wird der Zuschauer erneut erschüttert, weil er erlebt wie Norman Bates mit der Stimme seiner Mutter spricht und diese vollständig verinnerlicht hat.[9]

Bemerkenswert und besonders an den Filmen Hitchcocks ist das immer wiederkehrende Motiv der Identitätsunsicherheit und des -verlustes, so

---

9 Vgl.: Georg Seeßlen: Thriller. Kino der Angst. Marburg 1995, S. 142ff.; Donald Spoto: Alfred Hitchcock und seine Filme. München 1999, S. 331ff.

wie hier an Psycho und der Figur Bates angedeutet. Dies überträgt sich auf den Zuschauer, der die Rolle eines Voyeurs mit wechselnden Perspektiven einnimmt. Stilbildend für Hitchcock sind auch die Fokussierung auf filmische Mittel und Bildkomposition, um den Zuschauer zu vereinnahmen. Damit verbunden ist die bewusste und lustvolle Abgrenzung der Fiktion von der Wirklichkeit und ihren ernsten Aspekten: *„Wenn man aus Psycho einen ernsten Film machen wollte, würde man einen klinischen Fall zeigen. Dann dürfte man weder Rätsel noch Suspense in die Sache hineinbringen. (...) und wie wir schon festgestellt haben, würde man über lauter Wahrscheinlichkeit und Glaubwürdigkeit schließlich einen Dokumentarfilm drehen."*[10] Im Mittelpunkt von Hitchcocks Überlegungen steht das Bestreben, den Zuschauer emotional zu fesseln, zu verunsichern und zu schockieren. Auch wenn es oft mit konventionelleren Mitteln als bei Hitchcock umgesetzt wird: Dies ist das wesentliche Ziel jedweder Spannungsdramaturgie und damit auch des Thrillers. Der Abgleich des Dargestellten mit der Realität wird demgegenüber zweitrangig.

Mit Beginn der 60er-Jahre ist nach Wulff *„die Bekanntheit psychologischer Theorien so groß, dass jederzeit ein gewisses Publikumswissen vorausgesetzt werden kann (...); auf der anderen Seite ist das Publikum nun so an die kriminellen Psychopathen gewöhnt, dass diese nicht mehr in freudianischer Manier analysiert zu werden brauchen."*[11] Dazu passt die Überlegung, dass die Gestaltung der Täter im Thriller nicht nur allgemein menschliche Ängste bedient, sondern oft auch Unsicherheiten des jeweiligen Zeitgeistes aufgreift. So gibt es beispielsweise in den 80er- und 90er-Jahren ein Vielzahl von Thrillern, in denen *„die letzte Bastion bedroht (wird), die sich das Bürgertum gegen den Schrecken der Welt zu erhalten hoffte: die Familie."*[12] Dazu zählen Filme wie The Stepfather[13] und The Hand That Rocks The

10 François Truffaut: Mr. Hitchcock, wie haben Sie das gemacht? München 1999, S. 197.
11 Hans J. Wulff: Psychiatrie im Film, S. 7.
12 Georg Seeßlen: Thriller. Kino der Angst, S. 213.
13 THE STEPFATHER (Kill, Daddy, Kill/Spur in den Tod 2): R: Joseph Ruben, B: Donald E. Westlake, USA 1987.

CRADLE[14]. Zeitgleich zeigt sich an Filmen wie FATAL ATTRACTION[15] und BASIC INSTICT[16] die Angst vor einer durch die Gleichberechtigung entfesselten weiblichen Sexualität.

Im Thriller geht es demnach darum, einen Täter durch grundsätzliche, aber auch zeitgemäße Elemente so gefährlich zu machen, dass er die größtmögliche Angst, Not oder Verzweiflung in der von ihm bedrohten Hauptfigur erzeugen kann. Der Täter wird benutzt, um ein *„globales Konzept ‚Gefährlichkeit'"*[17] zu erzählen. Erklärungen für sein gestörtes Verhalten lehnen sich dabei an populärpsychologische Muster an. Sie wecken einen mehr oder weniger zutreffenden Anschein von Realitätsnähe, was die Spannung für den Zuschauer nur erhöht. Er empfindet beim Betrachten eines Thrillers Angstlust – einen angstvollen Nervenkitzel bei einem Ereignis, das einer realen Bedrohung nachempfunden ist – und die Hoffnung auf Entspannung beim erfolgreichen Überstehen desselben. In seinem Kern erinnert der Täter mit abnormer Persönlichkeit und gewalttätigem Verhalten an den Archetyp des Schatten. Angelehnt an die Überlegungen des Psychologen Carl Gustav Jung meint Archetyp eine Art menschliches Urbild, das erst in Geschichten, Kunst und Träumen konkret und sichtbar wird.[18]

---

14 THE HAND THAT ROCKS THE CRADLE (Die Hand an der Wiege): R: Curtis Hanson, B: Amanda Silver, USA 1992.

15 FATAL ATTRACTION (Eine verhängnisvolle Affäre): R: Adrian Lyne, B: James Dearden, USA 1987.

16 BASIC INSTINCT: R: Paul Verhoeven, B: Joe Eszterhas, USA 1992.

17 Hans J. Wulff: Psychiatrie im Film, S. 6.

18 Die Bedeutung des Begriffs Archetyp lässt sich bei zahlreichen Autoren – von Descartes über Jung und Campbell bis heute – nicht wirklich fassen. Anzahl und Inhalt der Archetypen werden auch in der Filmdramaturgie ganz unterschiedlich definiert: Zum Beispiel beschreibt Christopher Vogler sieben Archetypen als flexible Funktionsträger und als Facetten der Persönlichkeit eines Helden und interpretiert dabei Joseph Campbell relativ frei. Demgegenüber sind es bei Lynn Victoria Schmidt 45 Archetypen, von denen 16 Helden an konkrete Figuren aus der griechischen Mythologie angelehnt, 16 deren Gegenspieler („villains") und 13 unterstützende Charaktere sind. Die Weiterentwicklung bekannter Texte zu in der Dramaturgie nutzbaren Archetypen-Modellen scheint vielfach nach persönlichem Gutdünken oder entsprechend eines bestimmten mythologischen Hintergrunds gehandhabt zu sein.
Vgl.: Christopher Vogler: Die Odyssee des Drehbuchschreibers. Über die mythologischen Grundmuster des amerikanischen Erfolgskinos. Frankfurt/Main 1999, S. 79ff.
Vgl.: Lynn Victoria Schmidt: 45 Master Characters. Mythic Models for Creating Original Characters. Cincinnati 2001.

In diesem Sinne könnte die hier dargestellte Figur des Schatten eine Projektion davon sein, dass in jedem Menschen etwas Destruktives steckt, das hervorbrechen kann, sobald es nicht ausreichend kontrolliert oder integriert wird. Der hier beschriebene Antagonist und sein mörderisches Verhalten könnten als Spiegel der dunklen Seite eines jeden verstanden werden. Der bedrohte Held würde hingegen die daraus resultierende Angst und den Kampf mit ihr verkörpern. Doch der abnorme Täter im Thriller als Schatten eines psychologischen Gesamtmodells im Sinne von Jung ist eher intuitiv verstehbar, umschreibbar oder in weiteren Geschichten erzählbar, aber kaum belegbar. Es ist zudem nicht abzugrenzen, wo das Archetypische endet und das Stereotyp als äußeres, der jeweiligen Kultur angepasstes und mit ihr wandelbares Merkmal einer sozialen Gruppe beginnt.

Unabhängig davon: Festhalten lässt sich auf alle Fälle, dass so genannte ‚Psychopathen-Filme' ein Narrativ bilden, das angesichts der hier aufgezeigten Hintergründe weitaus stabiler scheint, als viele anderen Erzählmuster um Figuren-Typen, dass es Ängste des Zuschauers enthält, und dadurch eine entlastende Funktion naheliegend ist. Der Kultur- und Wissenschaftsjournalist Alexander Grau versteht die Tradition von Mordgeschichten insgesamt als Versuch das Böse zu ästhetisieren: *„Indem die böse Tat, der Täter oder andere morbide Symbole des Verfalls ästhetisch verarbeitet werden, wird ‚das Böse' in den Bereich der Fiktion und der Fantasie entsorgt. Hier dient es der symbolischen Verarbeitung. Es wird zu einem moralischen Dummy, an dem wir stellvertretend unsere Sehnsucht bewältigen, das Böse fassen zu können und zugleich unserer Enttäuschung darüber, dass die Welt sehr viel komplizierter ist, als wir es gerne hätten."*[19] Aufzeigen lässt sich nun im Folgenden welche Merkmale die Ästhetisierung von Tätern mit Persönlichkeitsstörung in Krimis und Thrillern begleiten.

19 Alexander Grau: Malum. Das Böse als kulturelle Konstruktion. In: Freiwillige Selbstkontrolle Fernsehen (Hg.): Das Böse. Medien als Spiegel unserer Schattenseiten. tvdiskurs. Verantwortung in audiovisuellen Medien. 2/2014/18. Jg., S. 23.

STEREOTYPE

Im Kino mit seiner emotionaleren Rezeptionssituation kann das Genre des Thrillers seine Wirkung ideal entfalten, wie viele der aufgeführten Beispiele zeigen. Doch mit der Auflösung souveräner und redlicher Ermittlerfiguren im Fernsehen geht es auch in Krimis inzwischen vermehrt um Angst und existenzielle Bedrohungen. Vom klugen und altväterlichen Herbert Keller, alias DER KOMMISSAR oder dem psychologisch treffsicheren Stephan Derrick, die ihre Fälle mit rationaler Distanz lösen konnten[20] bis hin zu dem cholerischen Peter Faber aus dem Dortmunder TATORT: Inzwischen sind nicht nur die Ermittler emotionaler verwickelt, auch die Fälle werden extremer ausgereizt. So weisen die meisten ARD-TATORTE genau wie Fernsehspiele im ZDF Thriller-Elemente auf. Sie lehnen sich an die hier beschriebene Tradition und Wirkungsabsicht an, um die Spannung zu erhöhen.

Beispielsweise erzählt das Fernsehspiel FRANZISKA[21] aus der Kölner TATORT-Reihe, wie die Assistentin der Kommissare Max Ballauf und Freddy Schenk durch den Gefängnisinsassen und Frauenmörder Daniel Kehl in einer Zelle als Geisel genommen wird. Die Rettungsversuche ihrer immer verzweifelter werdenden Kollegen scheitern. Franziska Lüttgenjohann wird bei der Erstürmung durch das SEK von Kehl getötet. Bei diesem und vielen vergleichbaren Krimis lassen sich stereotype Muster ausmachen, die grundsätzlich geeignet sind, die Gefährlichkeit der Täter zu erhöhen und die Angstlust des Zuschauers zu steigern:

Zunächst werden Täter mit psychischer Störung oft als starke Antagonisten gezeigt. Sie sind gebildet, klug, raffiniert oder auf andere Art genial. So verfolgt Daniel Kehl in FRANZISKA eine perfide Taktik. Zu Beginn wird sein Zellennachbar tot aufgefunden. Kehl wird diesbezüglich verdächtigt, doch bis kurz vor Schluss behauptet er unschuldig zu sein. In vermeintlich

20 Vgl.: Kapitel 2. Ermittler mit psychischen Störungen.

21 FRANZISKA. Reihe: TATORT Köln: R: Dror Zahavi, B: Jürgen Werner. D 2014.

großer seelischer Not will er durch die Entführung Franziskas seine Freilassung erzwingen. Letztlich zeigt sich jedoch, dass er alles geplant hat und in der Geiselnahme seine letzte Chance sieht, eine Frau zu quälen und zu ermorden. Angesichts dieser ausgefeilten Strategie ist es für die Ermittlerfiguren überaus schwierig Franziska zu retten. Ballauf und Schenk versuchen zunächst Kehl zu entlasten, damit er Franziska freilässt – bis sich herausstellt, dass dies nie seine Absicht war.

Die geistige Stärke des Täters korrespondiert außerdem häufig mit einer gestörten oder verzögerten sexuellen Entwicklung. In BLUTIGE FÄHRTE[22] aus der Reihe STRALSUND, die auf dem Sendeplatz des ZDF-Fernsehfilms der Woche läuft, tötet Boris Gerg Frauen, die er nacheinander auf einem Online-Dating-Portal kennengelernt und mit denen er vielfach telefoniert hat. Die Frauen werden dafür bezahlt, mit Männern zu flirten. Gerg ist zunächst versessen darauf, die Stimme und romantische Liebesschwüre seines jeweiligen Dates am Telefon zu hören, bis es den Frauen zu viel wird und sie den Kontakt abbrechen. Gerg hasst sie dafür. Er findet Sex schmutzig. Der Film erzählt, dass er unter einer starken sexuellen Hemmung leidet; er legt nahe, dass Gerg keine sexuelle Erfahrung besitzt.

Ein dazu passendes Täter-Stereotyp ist die Backstory, die – wie schon bei Hitchcocks Norman Bates – eine schwierige, auf eine einfache Motivlage heruntergebrochene Beziehung zu einem Elternteil behauptet. Gängig ist dabei eine starke Ausprägung des Fehlverhaltens zumeist der Mutter: Sie ist in ihrer Herrschsucht oder ihrem Besitzanspruch selbst psychisch gestört. So werden als Ursache für die Persönlichkeitsstörung Daniel Kehls aus FRANZISKA die Misshandlungen durch seine Mutter angeführt.

Des Weiteren weisen viele Täter einen Hang zu zwanghaftem oder rituellem Vorgehen auf, das geheimnisvoll, rätselhaft und unlösbar wirkt, dann

---

22 BLUTIGE FÄHRTE. Reihe: STRALSUND: R: Martin Eigler, B: Martin Eigler, Sven Poser, D 2010.

aber für den oder die Ermittler den Schlüssel zum Verständnis des Täters und zur Auflösung des Falls beinhaltet. Boris Gerg aus BLUTIGE FÄHRTE fragt seine Opfer zunächst, ob sie während der Zeit der Telefonbeziehung zu ihm auch andere Männer getroffen haben: *„Hast du sie auch so angeschaut, mit diesem Blick?“*. Erst nach dieser Frage tötet er. Alle Frauen legt er sorgsam mit Wäsche bekleidet auf ihr Bett.

Aufgrund ihrer psychischen Störung sind die Täter entweder sozial gestörte Außenseiter oder überangepasst: Boris Gerg ist einsam. Obwohl er 32 Jahre alt ist, nach Aussage einer der Frauen ziemlich gut aussieht und charmant sein kann, scheint er nach dem tragischen Verlust seiner Familie nicht in der Lage zu sein neue Kontakte aufzubauen. Seine soziale Hemmung lässt er sich aber nicht anmerken. Bei seinen Opfern stellt er sich charmant als die frühere Telefonbeziehung vor, die zufällig in der Nähe war, und bittet mit einem zarten Blumenstrauß aus weißen und violetten Malven um Einlass. Mit ähnlich gekonnter Fassade erreicht der TATORT-Mörder Daniel Kehl, dass ihn Ballauf und Schenk genau wie seine Geisel Franziska über lange Zeit für unschuldig und verzweifelt halten. Bei beiden Tätern ist genau dies Zeichen ihrer besonderen Klugheit und Raffinesse.

Insgesamt werden Täter mit psychischen Störungen entsprechend ihrer Rolle im Krimi grundsätzlich als unberechenbar und gefährlich dargestellt. Damit der Zuschauer am Ende die Angstlust überwinden und daraus Befriedigung ziehen kann, steht dort fast immer die Vermittlung zwischen Verbrecher und Gesellschaft: Der Täter wird gefasst. Bezeichnend daran ist, dass so gut wie nie erzählt wird, was nach der Verhaftung mit ihm geschieht: wie der Prozess gegen ihn verläuft, ob er anschließend ins Gefängnis oder eine Psychiatrie überstellt wird, welche Art von Behandlung er erfährt. Ob gegebenenfalls eine Besserung oder Heilung der Störung erfolgt, ist im Rahmen der Genrekonventionen unerheblich.

TRENDS

Ein besonderer Thrill für den Zuschauer besteht auch darin, dass ihm durch den Täter die Brüchigkeit seiner eigenen Identität vor Augen geführt wird, dass der psychisch kranke Mörder die Angst vor den eigenen Abgründen transportiert – diese Wirkung ist dem Genre grundsätzlich immanent. Sie wird zurzeit sehr offensiv thematisiert. So bewirbt das ZDF die auf realen Fällen basierende, differenziert gestaltete TV-Mini-Serie SCHULD – NACH FERDINAND VON SCHIRACH[23] mit dem Furcht einflößenden Slogan: *„Was hindert uns daran, uns Menschen mit Gewalt gefügig zu machen? Was hindert uns daran, unseren Rivalen zu ermorden? Was, wenn uns mal nichts mehr hindert? Der Täter ist in uns allen!"*[24] Die Möglichkeit einen Mord zu begehen, ist demnach dem Menschen grundsätzlich zu eigen, die Gewalt wird nur durch eine nicht näher benannte Barriere daran gehindert hervorzubrechen. Dies drückt ein Menschenbild aus, zu dem Angst vor sich selbst und Unsicherheit bezüglich der eigenen Identität gehören. Grund dafür könnte sein, dass die globalisierte Welt keinen vorgegebenen Kontext mehr bietet. Jeder Mensch muss Identität für sich selbst entwickeln und möglicherweise immer wieder neu definieren: ‚Wer bin ich?' und ‚Wer könnte ich sein?' sind zentrale, gegebenenfalls aber auch angstbesetzte Fragen der heutigen Gesellschaft. Ferdinand von Schirach sagt in einem Interview mit dem Berliner Tagesspiegel: *„Es gibt kein ‚Verbrecher-Gen', nichts, was Sie oder mich von einem Mörder wirklich unterscheidet. Wir können nicht*

---

23 SCHULD – NACH FERDINAND VON SCHIRACH: R: Hanno Salonen, Maris Pfeiffer, B: Jobst Oetzmann, André Georgi, Nina Grosse, Jan Ehlert, D 2014.

24 Vgl.: Trailer zu „SCHULD – NACH FERDINAND VON SCHIRACH" in: http://www.zdf.de.
Auch Wissenschaftssendungen betonen das mörderische Potential des Menschen zum Beispiel mit diesem Text: *„Wie wird jemand zum Mörder, Vergewaltiger, Schläger? Harald Lesch erkundet wie schmal die Gratwanderung ist, zum Täter zu werden."*
Leschs Kosmos: Wolf im Schafspelz? Das Böse in uns. ZDF.
In diesem Zusammenhang ist auch die aktuelle Flut von Buchtiteln zu verstehen:
Nahlah Saimeh: Jeder kann zum Mörder werden. Wahre Fälle einer forensischen Psychiaterin. München/Berlin 2012;
Lydia Benecke: Auf dünnem Eis. Die Psychologie des Bösen. Köln 2014;
Reinhard Haller: Die Seele des Verbrechers: Wie Menschen zu Mördern werden. Kindle-Edition, St. Pölten 2012.

voraussehen, was wir in ein paar Jahren tun oder in einer Woche oder auch nur morgen. Ohne es zu wissen, biegen wir falsch ab, die Dinge gehen schief und irgendwann kann sie nichts wieder in Ordnung bringen. Das ist schon alles, das ist die ganze Geschichte.“ [25]

Obwohl dies auf der einen Seite für den Zuschauer beängstigend ist, könnte damit andererseits auch der Täter mit psychischer Störung näher an ihn heranrücken. Seine Krankheit könnte ein gewisses Mitgefühl erregen: Schließlich ist er krank, noch nicht einmal ‚falsch abgebogen‘ oder – schlimmer noch – ‚böse‘. Nicht nur seine Opfer, auch er ist mit dem Nimbus ‚unverdientes Leid‘ gekennzeichnet. Allerdings werden die hier aufgezeigten Stereotype mehr als Codes zur Verortung der Figur im sozialen Gefüge eingesetzt, denn als Empathie-Auslöser. Insofern kommt der ‚Psychopath‘ dem Zuschauer nicht näher.

Nachvollziehbarer würde der Täter hingegen durch ein größeres Bemühen um Realitätsnähe bei der Darstellung seiner Störung und deren Genese. Die Vorläufer-Serie VERBRECHEN – NACH FERDINAND VON SCHIRACHist genau wie SCHULD realen Fällen nacherzählt. In der Folge GRÜN[26] schlitzt der offensichtlich schizophrene und hochbegabte 19-jährige Philipp von Nordeck immer wieder Schafen die Kehle auf und malträtiert sie mit 18 Stichen. Als Sabine Gerike aus demselben Dorf an ihrem 18. Geburtstag verschwindet, wird Philipp verdächtigt und festgenommen. Sein Anwalt Friedrich Leonhardt versucht ihn zu verstehen und seine Wahnvorstellungen zu entschlüsseln. Philipp lebt nach einem komplexen Zahlensystem, aufgrund dessen er sich an den Schafen vergreift. Mit Sabines Verschwinden hat er nichts zu tun, er ist unschuldig. Am Ende begleitet ihn sein Anwalt in eine Psychiatrie. Obwohl die Folge nicht konsequent um eine realitäts-

25 Sven Goldmann: Es gibt kein Verbrecher-Gen. Ferdinand von Schirach im Interview. In: Der Tagesspiegel, 07.02.2015, http://www.tagesspiegel.de.

26 GRÜN. VERBRECHEN – NACH FERDINAND VON SCHIRACh. R: Hannu Salonen, B: Nina Grosse. D 2013.

nähere oder weniger stereotype Darstellung bemüht ist – die Psychiatrie am Ende befindet sich in einem alten, schlossähnlichen Gebäude – und trotz des reißerischen Trailers der Nachfolge-Serie, bleibt bemerkenswert, dass es vorrangig darum geht die Tat zu erklären. Spiegel Online schreibt: *„Es ist fast schon revolutionär, wie hier im deutschen Fernsehen vielleicht erstmals Kriminalität konsequent anders verhandelt wird. Es geht nicht darum, einen Täter zu überführen – es geht darum, ihn zu verstehen."*[27]

Diese neue Perspektive impliziert jedoch auch eine Abkehr von der klassischen Erzählform aus Mord – Tätersuche – Aufklärung, der die meisten deutschen TV-Filme verhaftet sind. In VERBRECHEN und SCHULD ist der Täter bereits gefasst, es wird aus der Sicht des Anwalts erzählt. Die zuvor genannten Beispiele FRANZISKA und BLUTIGE FÄHRTE zeigen demgegenüber exemplarisch, inwiefern der Täter mit psychischer Störung im Krimi-Plot ein Klassiker ist, der sich fest etabliert hat. Insofern ist das Bemühen um Verständnis für den Täter und sein Erleben, also die Verlegung der Handlung auf andere, individuelle figürliche Aspekte des Geschehens in Deutschland als Ausnahme und (noch) nicht wirklich als Trend zu bewerten.[28]

Zudem ist auch das Gegenteil möglich. Dann wird die Situation der Figur nur noch angedeutet, ihre emotionale Wirkung nicht mehr ausgespielt. Ihre stereotypen Elemente dienen lediglich als kognitive Marker.

---

27 Arno Frank: Edel-Krimi-Serie „VERBRECHEN" im ZDF: Das ist aber mal ein netter Killer. In: Spiegel Online, http://www.spiegel.de.

28 Als internationales Beispiel für die Aufnahme anderer Perspektiven in den Krimi kann die erste Staffel der dänischen Serie KOMMISSARIN LUND – DAS VERBRECHEN angeführt werden: Nach dem Mord an der 19-jährigen Gymnasiastin Nanna Birk Larsen werden nicht nur die Ermittlungen und politische Verwicklungen beleuchtet. Eine annähernd gleichberechtigte Rolle nimmt auch der Umgang der Angehörigen der Ermordeten mit dem Schicksalsschlag ein.
FORBRYDELSEN (Kommissarin Lund – Das Verbrechen/The Killing). 40 Episoden, Idee: Søren Sveistrup, DK 2007–2012.
Vgl.: Lea Gamula, Lothar Mikos: Nordic Noir. Skandinavische Fernsehserien und ihr internationaler Erfolg. München 2014, S. 81ff.
Ähnlich angelegt ist die englische TV-Serie BROADCHURCH, die ebenfalls die Situation der trauernden Angehörigen und Freunde des Opfers sehr einfühlsam und präzise beleuchtet.
BROADCHURCH. 32 Episoden, Konzept: Chris Chibnall, UK, ITV seit 2013.

Der Zuschauer sieht: raffiniert, sexuell gestört, destruktive Mutterbeziehung, komische Rituale – und weiß ohne weitere Erklärungen Bescheid. Das erlaubt es, im Rahmen eines Neunzigminüters außerdem einen besonders wendungsreichen Plot, ein originelles Milieu, einen ungewöhnlichen Stil, besondere Schauwerte oder einen neuen Kommissar auszubreiten. Im TATORT NIEDERE INSTINKTE[29] entführt Wolfgang Prickel die achtjährige Magdalena als Geburtstagsgeschenk für seine Frau. Das Ehepaar leidet unter einem unerfüllten Kinderwunsch, maskiert spielen sie mit Magdalena Familie. Insbesondere Monika Prickel ist deutlich gestört. Sie ist fixiert auf den Gedanken, dass Magdalena sie lieben müsste und zu ihr gehört. Schließlich tötet sie ihren Mann. Ihre Motivation ist genauso präzise und zugespitzt wie sekundär, denn im Vordergrund der Geschichte stehen die Beziehung und der Abschied des Leipziger Ermittler-Teams Eva Saalfeld und Andreas Keppler, die ihre frühere Liebesbeziehung wieder ausleben – zwischen Zuneigung, Streit und Eifersucht. Am Ende wollen sie heiraten. Dies ist stilistisch bemerkenswert gestaltet: Keppler wendet sich mehrfach direkt an den Zuschauer und sinniert über das Leben; Tagträume des Paares werden visualisiert. Im dritten Akt kann Magdalena fliehen. Dabei sperrt sie Monika Prickel in ihr Kellerversteck – und schweigt. Dies verdeutlicht die geringe Relevanz der Täterin Prickel für die Geschichte. Sie wird nicht einmal mehr verhaftet. Im Keller vergessen, wird sie verdursten, während sich Keppler mit einem spektakulären Liebessprung auf Eva Saalfeld stürzt.

29 NIEDERE INSTINKTE. Reihe: TATORT Leipzig. R: Claudia Garde, B: Sascha Arango, D 2015.

WIRKUNG

Der psychisch kranke Mörder wird also nur in seltenen Fällen als Teil der Gesellschaft betrachtet. Wer tatsächlich die Grenze überschreitet und das Schreckliche tut, ist fast immer draußen, ist das Fremde, das Andere.

Der deutsche Fernsehkrimi handelt nach wie vor in erster Linie davon, ob und wie es gelingt den Täter auszuschalten und aus der Gesellschaft zu entfernen. Dies ist u.a. ein Grund dafür dass wir nur selten sehen was nach der Festnahme mit dem Täter passiert. Es ist – wie gesagt – bereits ungewöhnlich, dass die Serien VERBRECHEN und SCHULD den Prozess ins Zentrum der Handlung rücken; dieser kommt in der Regel nicht vor. Des Weiteren sind die Unterbringung des Täters im Gefängnis, ggf. in einer forensischen Psychiatrie, oder die Wiedereingliederung in die Gesellschaft in diesem Narrativ nicht vorgesehen.

Dass der Krimi im deutschen Fernsehen häufig ein Genre-Vehikel für gesellschaftlich relevante Sachthemen ist, spielt just bei den Fällen mit psychisch kranken Einzeltätern keine Rolle. Denn Ermittlungen in Milieus wie Zwangsprostitution, Drogenhandel oder Rechtsradikalismus setzen im Gegensatz zum ‚Psychopathen-Thriller' zurechnungsfähige Kriminelle und zum Teil organisierte Strukturen mit mehreren Beteiligten voraus. Filme mit psychisch kranken Tätern, die vergewaltigen, quälen und morden, scheinen eine ganz andere Funktion zu besitzen. Sie bilden nach wie vor ein stabiles und weit verbreitetes, gegebenenfalls auch archetypisches Narrativ, gerade weil sie in festgefügten Codes auf tief verankerte menschliche Ängste fokussieren. Sie erzählen von der Möglichkeit die Wahrnehmung zu verlieren, die notwendig ist, um ein funktionierendes Mitglied der Gesellschaft zu sein. Sie erzählen davon, nicht mehr zu wissen was ‚gut' oder ‚richtig' und was ‚böse' ist. Sie erzählen von einer destruktiven Kraft, die dann hervorbrechen kann. Damit können sie als Spiegel wesentlicher menschlicher

Ängste und Unsicherheiten verstanden werden, auch bezüglich der eigenen Person.[30] Und damit die emotionale Wirkung auf den Zuschauer bis über das Ende des Films hinaus nicht verloren geht, ist den Tätern immanent, dass sie sich im Laufe der Geschichte nicht zum Positiven entwickeln.

Es liegt auf der Hand, dass dieser Figuren-Typus in der hier beschriebenen Form im klassischen Krimi kaum zu Entstigmatisierung von psychisch Kranken beim Zuschauer beitragen kann – ganz im Gegenteil. Er forciert das Vorurteil vom ‚unberechenbaren und gewalttätigen Irren'. Es scheint jedoch kaum zielführend, die Möglichkeiten einer veränderten, um Differenzierung bemühten Darstellung solcher Täterfiguren zu diskutieren. Wie ausführlich erläutert, stünde dies der Wirkungsabsicht, also der grundlegenden Funktion dieses Typus' entgegen. Hilfreich im Sinne einer Entstigmatisierung könnte demgegenüber vielmehr die Stärkung dramaturgischer Kompetenz bei den Zuschauern sein. In diesem Fall würde das ein größeres Bewusstsein für die Tradition, die Mechanismen und die Emotionalität von Thrillern und von Krimis mit Thriller-Elementen bedeuten, was ein kognitives Verständnis für die erzählerische Funktion von Tätern mit psychischen Störungen einschließt.

30 Am Ende ihres Aufsatzes über Konzepte des Bösen im TATORT fragt Svenja Flaßpöhler nach dem Grund für die Konjunktur des Krimis. Sie reißt zwei Möglichkeiten an: Zum einen könnte der TATORT eine entlastende Wirkung haben, weil er in einer strukturell bösen Welt dem Bösen ein Gesicht gibt. Er ist *„eine Beruhigungspille in Zeiten des Terrors"*. Dem Zuschauer bietet die Fiktionalisierung die Möglichkeit sich zu distanzieren. Zum anderen könnte es auch sein, dass *„die Gewalt mit dem Fortschritt der Menschheit zusehends aus der (ersten) Welt verschwindet. (...) Wann sehen wir hier und heute noch Tote, geschweige denn Menschen sterben?"* Das Böse findet demnach im TATORT als Fiktion seinen Platz.
Vgl.: Svenja Flaßpöhler: Woher kommt das Böse? Hannah Arendt und die Ästhetik des Mordens. In: Wolfgang Ellenberger (Hg.): Der Tatort und die Philosophie. Schlauer werden mit der beliebtesten Fernsehserie. Stuttgart 2014, S. 172.

ERMITTLER MIT PSYCHISCHEN STÖRUNGEN

HINTERGRÜNDE

In den 32 TV-Movies, die im Rahmen der eingangs angeführten Erhebung untersucht wurden, treten nur drei Kommissare mit psychischer Störung auf. Doch als geläufige Protagonisten und Gegenspieler der Täter sind sie für das Genre maßgeblich. Zudem sind psychisch anfällige oder erkrankte Ermittler eine aktuelle Entwicklung und insofern Ausdruck eines Trends.

Um ihre Entstehung nachzuvollziehen, wird zunächst grob die Tradition des in Deutschland beliebten Krimi-Kommissars beleuchtet. Denn die Auflösung der heldenhaften, redlichen Ermittlerfigur erfolgte über Jahrzehnte hinweg in Schritten: vom väterlichen Stephan Derrick[31], der seit 1974 ermittelt hat, über Horst Schimanski[32], der sich in den 80er-Jahren selbst nicht mehr an Recht und Gesetz hält und dabei Hierarchien in Frage stellt. Ein weiterer Umbruch offenbart sich durch den schwedischen, mit deutscher Beteiligung verfilmten Roman-Kommissar Kurt Wallander[33], der an der Welt verzweifelt und sich nicht mehr in der Lage sieht, die globalisierte Kriminalität einzudämmen. Diese Entwicklung setzt sich fort bis zu Ermittlern

31 DERRICK. 281 Episoden, B: Herbert Reinecker, D, ZDF/ORF/SF 1974–1998.
32 Schimanski als Hauptfigur im TATORT: 29 Episoden, davon 2 mit Kino-Auswertung, D, ARD 1981–1991. – SCHIMANSKI. 17 Episoden, D, ARD 1997–2013.
33 Die Romane Henning Mankells mit Kommissar Kurt Wallander wurden und werden sowohl vom schwedischen Fernsehen (SVT) von 1994–2007, von der BBC seit 2008 und als internationale Co-Produktion mit Beteiligung der ARD unter dem Titel MANKELLS WALLANDER seit 2005 verfilmt.

in US-amerikanischen Serien. Sie sind nicht mehr nur gebrochen, sondern darüber hinaus oftmals nur noch ansatzweise als Sympathieträger geeignet.

So erzählt THE WIRE[34] von verschiedenen Aspekten der Drogenkriminalität in Baltimore und den Ermittlungen einer Sonderkommission des Police-Departments. Bürokratische, aber auch eigennützige Interessen der Ermittler, politischer Druck und Korruption innerhalb der Polizei behindern immer wieder den Erfolg. Eine zentrale Figur des Ensembles ist Detective James McNulty, dessen Tendenz zum Alkoholismus ein zerrüttetes Privatleben bedingt. Auch zahlreiche andere US-amerikanische Serienfiguren leiden unter ausgeprägten psychischen Störungen. Um nur einige zu nennen: Der Polizei-Berater Adrian Monk leidet in der gleichnamigen Serie unter zahlreichen Phobien und Zwängen.[35] Die CIA-Analystin Carrie Mathison kämpft in HOMELAND nicht nur gegen den internationalen Terrorismus, sondern auch gegen ihre bipolare Störung.[36] Und der als Forensiker beim Miami-Metro Police Department arbeitende Protagonist Dexter Morgan ist selbst ein Serienmörder mit Persönlichkeitsstörung.[37]

Vor allem im Zusammenhang mit gestörten Tätern ist darüber hinaus schlüssig, dass in Kommissariaten immer wieder auch Fachleute für psychologische Fragen aus den Bereichen Psychiatrie, Psychotherapie und Psychologie herangezogen werden. Der gesellschaftliche Stellenwert des Themas Psyche zeigt sich auch an der Notwendigkeit einer Spezialisierung darauf. Populäres Beispiel hierfür ist neben anderen die in Deutschland ausgestrahlte US-amerikanische TV-Serie CRIMINAL MINDS[38], in der eine Gruppe von Profilern ermittelt: *„Die Agenten erstellen Charakteranalysen*

---

34 THE WIRE. 60 Episoden, Idee: David Simon, USA, HBO 2002–2008.
35 MONK. 125 Episoden, Idee: Andy Breckman, USA Network 2002–2009.
36 HOMELAND. 48 Episoden, Idee: Howard Gordon, Alex Gansa, USA, Showtime seit 2011.
37 DEXTER. 96 Episoden, Idee: Jeff Lindsay, Lauren Gussis, Timothy Schlattmann, USA, Showtime 2006–2013.
38 CRIMINAL MINDS, 231 Episoden, Idee: Jeff Davis, USA, CBS seit 2005.

verhaltensauffälliger Serientäter, um die nächsten Schritte der Killer vorhersagen zu können.“[39]

Die Psycho-Ermittler sind allerdings nur zuständig für die Enträtselung einer geheimnisvollen, schwer kontrollierbaren Welt: der menschlichen Psyche. Sie sind nicht zuständig für den Umgang mit psychischen Störungen in der Praxis, zum Beispiel für die Suche nach Linderung von Beschwerden durch Medikation. Psychische Störungen werden letztlich mit rationalen Methoden genau verstanden, die Täter identifiziert und gefasst. Alles Weitere wird nicht thematisiert.

Doch auch diese in psychologischen Dingen geschulten Ermittler kämpfen derweil selbst vermehrt mit psychischen Labilitäten, Krisen und Störungen. Unter der Voraussetzung, dass der Krimi ein Genre ist, das nicht nur inhaltlich, sondern auch durch die Ausprägung seiner Kommissare gesellschaftlich relevante Entwicklungen transportiert, scheint sich der Zeitgeist inzwischen am ehesten in einer labilen Psyche zu manifestieren.

STEREOTYPE

Ehe Stereotype im Zusammenhang mit psychischen Störungen bei Ermittlern aufgezeigt werden, gilt es, den Typus des Psycho-Ermittlers näher zu beleuchten:
Unabhängig von ihrer psychischen Gesundheit zeichnen sich Psychiater, Therapeuten oder Psychologen im Polizeidienst oft durch ein beeindruckendes Fall- und Fachwissen aus. Im Einzelfall müssen sie genauso genial sein wie die Täter, die sie verfolgen. Ein Zeuge in der Episode DER ABGRUND aus der Serie CRIMINAL MINDS: *„Sie sehen sehr jung aus und haben schon*

39 Vgl.: Text zur deutschen Ausstrahlung von CRIMINAL MINDS auf SAT.1 in: http://www.sat1.de.

Medizin studiert?" Dr. Spencer Reid: *„Waren nur drei Doktortitel. (...) Ich glaub' nicht, dass man Intelligenz messen kann, aber ich habe einen IQ von 187, ein eidetisches Gedächtnis und ich kann 20.000 Wörter pro Minute lesen. Ja, ich bin ein Genie."*[40]

Mit einem Mehr an Know-how, Intellekt und Funktionalität ist es den Psycho-Ermittlern am Ende so gut wie immer möglich, auch das unfassbarste menschliche Verhalten zu durchdringen und zu kontrollieren.[41] Das zunächst vermeintlich irrationale Handeln des Täters wird als subjektiv fehlgeleitet, aber in sich stimmig aufgeklärt. Es bleibt kein dunkler, zufälliger, unübersichtlicher oder unverständlicher Rest, der – wie in der Realität häufig – durch Versuch und Irrtum praktisch behandelt werden muss. Geschichten mit Psycho-Ermittlern behaupten damit auch einen Antagonismus von Ratio und Psyche.

Ein Beispiel dafür ist die Krimi-Reihe NEBEN DER SPUR, deren erste Folge am 23.02.2015 auf dem Sendeplatz ‚Fernsehfilm der Woche' im ZDF ausgestrahlt wurde. Darin tritt Psychiater Dr. Johannes „Joe" Jessen als Helfer der Polizei – und in dieser ersten Folge auch als Verdächtiger – auf. Jessens Methode ist die logische Deduktion in der Tradition der Kunstfigur Sherlock Holmes: Er ist in der Lage, marginale Details zu einem Gesamtbild zusammenzufügen. Jessen tut dies in einer sehr überspitzten Form, die einem Realitätsabgleich nicht standhalten würde. Er reproduziert lediglich das stereotype detektivische Muster. Bei Kommissar Vincent Ruiz, den er zum ersten Mal sieht, führt Jessen sich so ein: *„Ich weiß wer Sie sind. Sie sind eine Junge vom Land, der es in die große Stadt geschafft hat. Kein Ring am Finger,*

40 In: EXTREME AGGRESSOR (Der Abgrund). CRIMINAL MINDS, R: Richard Shepard, B: Jeff Davis, USA 2005.

41 Allerdings traten im deutschen TV-Krimi noch lange Zeit eher warmherzige Helfer-Figuren mit Verständnis und/oder Humor auf wie der Psychiater und Psychotherapeut Dr. Maximilian Bloch oder der Kriminalpsychologe Vince Flemming. Doch inzwischen hat sich das beschriebene intellektuelle Muster auch hier etabliert.
Vgl.: BLOCH. 24 Episoden, Konzept: Peter Märthesheimer und Pea Fröhlich, D, SWR/WDR 2002–2013; Flemming. 22 Episoden, B: Gregor Edelmann, D, ZDF 2009–2012.

Kaffeeflecken auf dem Hemd. Ich glaube, Sie sind verwitwet oder geschieden. Nach der Arbeit belohnen Sie sich mit zwei Bier. Sie haben Schwierigkeiten Ihr Gewicht zu halten, seit Sie nicht mehr rauchen und stattdessen Kaugummi kauen. Und zuletzt haben Sie in Italien Urlaub gemacht.“ [42]

Doch gerade diese Konzentration auf das Rationale enthält Elemente der Entfremdung und hat problematische Auswirkungen auf den Charakter: Die Ambivalenz des Psychiaters Jessen zwischen Intelligenz und einer lebenspraktischen Hemmung zeigt sich in der Darstellung seines Privatlebens. Jessen, der bevorzugt mit seinen Patienten spricht, kann oder will selbst nicht sprechen: über die Angsterkrankung seiner Mutter und ihren daraus resultierenden Unfalltod, über seine Parkinson-Erkrankung, seine Eheprobleme inklusive seiner Affäre.

Wenngleich deutsche Krimi-Reihen und -Serien in Bezug auf die Haupthandlung vielfach noch der vertikalen Struktur und einer fallorientierten Erzählweise verhaftet sind, treten also auch hier inzwischen Ermittler mit ambivalenten Charakterzügen auf, die sich teilweise als Symptome psychischer Störungen verstehen lassen.

Die Probleme deutscher Ermittler sind häufig traumatisch motiviert. So leidet nicht nur Jessen in NEBEN DER SPUR an Erinnerungen an einen Brand, bei dem seine Mutter umkam, weil sie wegen ihrer Angsterkrankung das Haus nicht verlassen konnte. Auch Hauptkommissar Peter Faber aus dem Dortmunder TATORT kämpft seit dem Unfalltod von Frau und Tochter mit

42 In: NEBEN DER SPUR – ADRENALIN. R: Cyrill Boss, Philipp Stennert, B: Frederik Weis, Cyrill Boss, Philipp Stennert nach dem Roman von Michael Robotham, D 2015.
Jessens Vorgehen ist typisch für Ermittler in Psycho-Berufen. So sagt Special Agent Jason Gideon aus CRIMINAL MINDS zu Frauenmörder Timothy Vogel: *„Ich weiß alles über Sie, Tim. Sie gehen fünfmal die Woche zum Krafttraining, Sie fahren ein schickes Auto, Sie stinken nach Aftershave und kriegen keinen mehr hoch. Nicht mal Viagra wirkt bei Ihnen.“*
In: EXTREME AGGRESSOR (Der Abgrund). CRIMINAL MINDS, R: Richard Shepard, B: Jeff Davis, USA 2005.

Flashbacks und einer dadurch ausgelösten Depression. Er lebt nahezu verwahrlost und trägt immer denselben alten Parka. Seinen Kollegen gegenüber gibt er sich aufbrausend und unnahbar. Gängig ist auch, dass eine Sucht die eigentliche Störung überlagert. Sowohl der depressive TATORT-Kommissar Frank Steier aus Frankfurt, als auch die nach einem Burn-out reizbare Bibi Fellner aus Wien kämpfen mit Alkoholproblemen bzw. dem Bemühen um Abstinenz.

Gemeinsam ist allen diesen Figuren, dass sie trotz psychischer Einschränkungen eine extreme Leistungs- und Erfolgsorientierung zeigen: Fast unvorstellbar ist zurzeit, dass sich ein deutscher Ermittler vom Dienst suspendieren oder sich den Fall entziehen lässt, obwohl dies häufig von verständigen oder verständnislosen Vorgesetzten angemahnt wird. Genauso erstaunlich wäre es, wenn ein Kommissar freiwillig auf die Aufklärung eines Falles verzichten würde, zum Beispiel weil der Partner mit Trennung droht. Es ist eine standardisierte Nebenhandlung, dass das Privatleben bei jedem Fall erneut aufs Spiel gesetzt wird. Dementsprechend werden auch psychische Erkrankungen oder Krisen um jeden Preis verdrängt. Exemplarisch dafür begibt sich die TATORT-Kommissarin Lena Odenthal in DIE SONNE STIRBT WIE EIN TIER[43] wegen eines Burn-outs in eine Reha auf dem Land und übt sich abzugrenzen. Zunächst ist sie willens die Ermittlungen zu einem Fall von Tierschändung sowie einem Mordfall auf einem nahegelegenen Gestüt den Kollegen zu überlassen. Doch die Besitzerin des Gestüts *„berührt sie"*, und so steigt sie schon nach zehn Filmminuten wieder in die Ermittlungen ein. Nach zwei Tagen im Einsatz entlässt sie sich selbst aus der Reha, weil sie spürt dass dies richtig für sie ist. Immerhin will sie nicht mehr mit ihrem Kollegen Kopper zusammenwohnen: *„Der Beruf, das Private, 24 Stunden, alles gleich."* Odenthal hat sich in mehr als 25 TATORT-Jahren von einer Draufgängerin zu einer empathisch agierenden Figur

43 Die Sonne stirbt wie ein Tier. Reihe: TATORT Ludwigshafen, R: Patrick Winczewski, B: Harald Göckeritz, D 2015.

entwickelt. Doch unabhängig davon: Das Verhalten der Kommissarin impliziert ein Menschenbild, bei dem der Beruf und das Festhalten daran auch unter widrigsten Umständen ein identitätsstiftendes Moment ist – viel mehr als ein einigermaßen intaktes Familien- oder Privatleben. Ein ungebrochenes Arbeitsethos ist das Element, das die Charaktere all dieser Ermittler maßgeblich bestimmt.

Angesichts des hohen Einsatzes und des Drucks der Fälle – oft sind sie mit Thriller-Elementen angereichert, es geht um Leben und Tod – ist es nur schlüssig, wenn sich durch die Arbeit das psychische Leiden der Kommissare manifestiert oder verstärkt. Als Folge davon sind sie mehr noch als andere Ermittler einsam, abweisend oder gar gefühllos gegenüber Kollegen; ihr Familienleben ist zerrüttet. Ihre Fixierung auf die Arbeit lässt nicht nur aus Zeitgründen jedes soziale Leben schwierig werden. Ariadne von Schirach weist darauf hin, dass *„die Liebesunfähigkeit der Kommissare ihrer allzu modernen Kontrollsucht“*[44] und damit gerade ihrer psychischen Labilität geschuldet sein könnte. Denn aufgrund innerer Not und mangels anderer Verdrängungsmöglichkeiten widmen sich Ermittler mit psychischen Störungen fast ausschließlich ihrer Arbeit, was eine Verbesserung oder Heilung der psychischen Problematik erschwert. Gleichzeitig ist diese Fixierung auch eine ihrer besonderen Stärken und trägt maßgeblich dazu bei, den Fall zu lösen. Die Aufklärung suggeriert dann immerhin kurzfristig, nicht nur das Verbrechen, sondern auch das eigene Leben zumindest teilweise unter Kontrolle zu haben.

---

44 Ariadne von Schirach: Aus Liebe zum Tod. Alain Badiou und ermittelnde Singles. In: Wolfgang Ellenberger (Hg.): Der Tatort und die Philosophie. Schlauer werden mit der beliebtesten Fernsehserie. Stuttgart 2014, S. 109.

TRENDS

Da labile Ermittler an sich selbst die Abgründe der Psyche erleben, können sie sich umso besser in Täter mit psychischen Störungen hineinversetzen. Eine Ermittlungsmethode, die dies auch szenisch zum Ausdruck bringt, ist das Nachspielen der Tätersituation durch die Kommissare. Dies praktizieren Peter Faber und Martina Bönisch aus dem Dortmunder TATORT in fast jeder Folge. Faber mimt am Schauplatz den Täter, Bönisch stellt sich vor wie sich das Opfer gewehrt haben könnte. Dabei steigern sie sich in die Situation hinein, ihre eigenen Emotionen wie Aggression, Verzweiflung und Angst mischen sich in das Spiel und ein bedrohliches Szenario entsteht.[45]

Die Abgrenzung zwischen Täter-Charakter und Ermittler-Charakter löst sich bei ihnen – und, wie im vorigen Kapitel gezeigt, auch bei ihren Gegenspielern – erkennbar auf. Die Identität der Figuren entsteht durch ihre aktuelle Tätigkeit: Morden oder Aufklären. Sie ist längst nicht mehr durch Herkunft, Bildung oder Familie gepägt – und offenkundig auch nicht mehr durch gesellschaftlich anerkannte Werte, Integrität oder psychische Stabilität. Darin steckt auch die Antwort auf die Frage zur ZDF-Serie SCHULD – NACH FERDINAND VON SCHIRACH: *„Was hindert uns daran, uns Menschen mit Gewalt gefügig zu machen? Was hindert uns daran, unseren Rivalen zu ermorden?“*[46] Offensichtlich nicht allzu viel. Im zeitgemäßen Bewusstsein, in dem Identität kaum mehr anders konstituiert werden kann, bringt vielleicht nur die Idee einen Rest von Sicherheit, in der Situation eines Ermittlers zu sein und nicht in der eines Täters. Ein Rollentausch, ein versehentliches ‚falsch Abbiegen‘: Die Möglichkeit selbst zum Täter zu werden, ist bei einigen Kommissaren wie Peter Faber im Bereich des Vorstellbaren. Während der ‚Psychopath‘ im deutschen Krimi eine tiefenpsychologisch verankerte

45 Vgl.: Reihe: TATORT Dortmund. 6 Folgen, D seit 2012.
46 Vgl.: Trailer zu „SCHULD – NACH FERDINAND VON SCHIRACH“ in: http://www.zdf.de.

Größe bleibt, erlebt die Ermittler-Figur eine kontinuierliche Schwächung. Das, was ihr am Ende vor allem bleibt, sind Beruf und Dienstmarke. Die aufgezeigten TV-Krimis erzählen also auch von der Angst, das letzte identitätsstiftende Element zu verlieren und mit unklarem Ziel abzurutschen. Sie handeln von dem Bemühen, an der Arbeit, als einer der letzten starken Bastionen, festzuhalten. Vielleicht könnte dies im übertragenen Sinn als Ausdruck für die Leistungsorientierung der Gesellschaft verstanden werden: Der Ehrgeiz der Kommissare ist Symptom für die Angst vor dem Verlust einer einigermaßen gesicherten, positiv besetzten Identität, die auf anderem Weg nicht oder kaum mehr gebildet werden kann.

Unklar ist, wann die Arbeitsleistung der Ermittler ausgereizt und auserzählt ist. Möglicherweise ruft genau dies die Sehnsucht nach dem Gegentrend hervor. Das wäre beispielsweise die Rückkehr zu einer vergangenen Spezies: Kommissare, die freizeitorientiert, lässig, gemütlich oder gar faul sind. Ein besonders ausgeprägtes Beispiel dafür ist der bundesweit ermittelnde Zolloberinspektor KRESSIN[47] aus dem TATORT der 70er-Jahre. Zwar gebärdet er sich, wenn es notwendig ist, als Draufgänger. Doch spielt für den charmanten und chauvinistischen Playboy der Umgang mit Frauen und Sportwagen eine größere Rolle als der Beruf. Die Fälle erledigt er zwischen verschiedenen Bekanntschaften und Affären. In den letzten Jahren schien dieser Typus des Ermittlers weitgehend ausgestorben. Mit der Verfilmung der ZORN-Romane von Stephan Ludwig im Auftrag des MDR wurde er in abgewandelter Form wieder präsent.[48] Der Protagonist Claudius Zorn wirkt mit abgeschabter Lederjacke, Zigarette und Flieger-Sonnenbrille wie ein Relikt aus den 80er-Jahren. Auch bei ihm steht die Arbeit nicht an erster Stelle, ganz im Gegenteil. Im Gegensatz zu Kressin ist er allerdings eher der dem Leben abgewandte Typus: Zorn ist ausgesprochen bequem. Er ist

47 Vgl.: Reihe: TATORT Köln. 7 Episoden. D, WDR 1971–1973.
48 ZORN – TOD UND REGEN. R: Mark Schlichter, B: Stephan Ludwig, Mark Schlichter, D 2014; ZORN – VOM LIEBEN UND STERBEN. R: Mark Schlichter, B: Stephan Ludwig, D 2015.

notorisch schlecht gelaunt, beim Laufen kommt er schnell außer Atem. Nach einer anstrengenden Lebensrettung liegt er erschöpft auf dem Sofa und lässt sich von seinem gutmütigen Kollegen Schröder Bericht erstatten. Zorn hat sich darüber hinaus der Zeit angepasst und eine weitere Erneuerung erfahren: Er ist nicht mehr unangreifbar, sondern labil. Er leidet unter Höhenangst und hat Probleme wenn er Blut sehen muss. Hinter seiner rauen Schale ist er unsicher, mit Frauen tut er sich schwer. Die Sonnenbrille in der Folge VOM LIEBEN UND STERBEN wirkt, als würde er sich dahinter verstecken, insbesondere vor seiner toughen gutaussehenden Chefin, die ihn für einen egozentrischen Angeber hält.[49] Trotz seiner emotionalen Hemmungen wirkt der faule Kommissar Zorn befreiend zwischen all seinen strebsamen Kolleginnen und Kollegen in anderen Krimis. Seine Ambivalenz macht ihn nur zeitgemäßer. Ob die ihm angediehenen Neuerungen jedoch ausreichen, damit der Typus auf Dauer mehr Bedeutung als ein bloßer Backlash erlangt, und ob ZORN einen neuen Trend begründen kann, wird sich zeigen. Die Entwicklung weiterer Krimis mit pflichtvergessenen Anti-Ermittlern wäre dafür vonnöten.

WIRKUNG

Der psychisch kranke Ermittler arbeitet sich an relevanten Themen wie Crystal Meth, Cyber-Mobbing und Rechtsradikalismus genauso ab, wie an psychisch kranken Tätern, die ihm als tradiertes Muster vorgeführt werden. Seine Leistungsbereitschaft hat sich zwar ebenfalls zum Stereotyp entwickelt, doch in der zurzeit dargestellten Extremform ist dies eine relativ neue, zeitgemäße Prägung. Seine Merkmale sind noch nicht so fest gefügt, sie ergeben noch keinen umfassenden, starren Code. Insofern ist bei diesem

---

49 Vgl.: Rainer Tittelbach: Fernsehfilm „ZORN – TOD UND REGEN". In: tittelbach.tv http://www.tittelbach.tv.

Typus eine Vielzahl an individuellen Ausprägungen und Abwandlungen möglich. Die Figur des labilen Ermittlers kann wesentlich leichter zu einem interessanten und vielschichtigen Charakter entwickelt werden als die des Täters mit psychischer Störung. Es wird sich demzufolge erst zeigen, ob der Arbeitstrieb dieser Figur nur Zwischenstadium einer längeren Entwicklung ist, in welche Richtung diese geht und mit welcher Geschwindigkeit sie sich vollzieht. Ermittler unterliegen immer wieder Neuerungen und Modifizierungen. Denn das innovative Moment des in seiner Form immer noch relativ starren Krimi-Genres war neben der Möglichkeit, zeitgemäße Sachthemen aufzugreifen, von jeher vor allem die Anpassung der Kommissare an den jeweiligen Zeitgeist.

Unabhängig davon: Der labile Ermittler ist als Ausdruck der psychischen Belastung, die mit den Entwicklungen innerhalb der Gesellschaft einhergeht, wesentlich realitätsnäher als sein archetypischer Gegenspieler, der psychisch kranke Täter. Traumatische Belastungen, Burn-out, Depressionen, Ängste oder Alkoholprobleme werden als selbstverständliches Element innerhalb der Welt der Geschichte erzählt. Die Figuren müssen damit, genau wie real Betroffene, so lange es möglich ist ihren Job erfüllen, ihre Scheidung durchstehen, den Täter fassen, den Chef zufriedenstellen und abends ab und an auch mal einschlafen. Sie werden nicht als das Fremde, das Andere betrachtet. Und die Kollegen im Präsidium müssen mit ihren Launen und Besonderheiten umgehen, schon allein deshalb, weil sie – im Gegensatz zum verhafteten Täter – in der nächsten Folge wieder dabei sind.

Zwar sind die psychischen Schwierigkeiten dieser Figuren immer auch Resultat der besonderen Anforderungen, die der Umgang mit trauernden Angehörigen, Verdächtigen und Mördern mit sich bringt, doch steht der Beruf als identitätsstiftendes Element im Zentrum. Damit einhergehende psychische Belastungen sind etwas das ein Ermittler aushalten muss oder sogar will – Hauptsache, der aktuelle Fall wird von ihm selbst gelöst.

Es ist diskutabel, inwiefern wir dieses zum Teil selbstzerstörerische Verhalten für uns und die Gesellschaft als zukunftsweisend oder günstig betrachten und ob es nicht sinnvoll ist, andere Möglichkeiten der Identitätsfindung wieder stärker zu fokussieren. Nichtsdestotrotz wird die psychische Störung der Ermittler nicht diskutiert, sondern als integraler Bestandteil der Gesellschaft gezeigt. Im Gegensatz zu ihrem Pedant, dem Täter, sind diese Figuren aufgrund ihrer Rolle grundsätzlich geeignet, zur Entstigmatisierung psychischer Krankheiten, auch in Rückwirkung auf die Realität, beizutragen. Der Zuschauer sieht Auslöser und Symptome, aber auch das Bemühen der Kommissare, das Leben zu meistern, stark zu sein und den Täter zu fassen, als ‚ganz normalen', dauerhaften Teil dieser Welt.

AUSBLICK SERIE

Da auch zahlreiche Beispiele aus Krimi-Reihen und Mini-Serien benannt wurden, soll am Ende noch auf den größten Trend im Bereich der Formatentwicklung eingegangen werden. Denn die konsequente Fortsetzung des Gedankens von der Auflösung festgefügter Identitäten als Thema unserer Zeit könnte auch bedeuten, dass das im deutschen TV noch gängige Festhalten an der klassischen Ermittler-Figur, der bislang zuverlässigsten Konstante im Krimi, in Zukunft kein allzu treffender Spiegel gesellschaftlicher Befindlichkeiten mehr sein wird. In der Konsequenz hieße das zum Beispiel:

- Die bis zur Selbstaufgabe engagierten Ermittler oder adäquate Protagonisten verlieren ihre letzte Bastion: das Ethos ihres Berufes. Sie kämpfen nicht mehr zwingend für Werte wie Wahrheit und Gerechtigkeit. So hilft der ermittelnde Anwalt in den Mini-Serien VERBRECHEN und SCHULD einigen Tätern dabei, den wahren Hergang der Tat vor Gericht zu verschleiern.
- Nicht nur Ermittler, sondern auch Täter werden als Protagonisten erzählt. Dadurch wird es möglich, auch die gängige, ermittlerzentrierte Fallstruktur vom Mord bis zur Verhaftung aufzulösen. Dementsprechend erhalten bereits in zahlreichen horizontal erzählten Serien rund um Kriminalität und Verbrechen wie THE WIRE Handlungsstränge aus dem Tätermilieu eine maßgebliche Bedeutung.

- Ermittlerfiguren können selbst auch Täter sein. Bekanntestes Beispiel hierfür ist die Figur DEXTER, die unter einer schweren Persönlichkeitsstörung leidet und gleichzeitig als Forensiker und Serienmörder auftritt.
- Erzählbar ist auch, dass Ermittler nach einiger Zeit aus der Geschichte fallen und andere Figuren in den Fokus geraten: In der ersten Staffel der SOPRANOS[50] wurden *„fast die Hälfte der im Vorspann genannten Hauptfiguren ermordet (...). Plötzlich bekam der Spannungsbogen der Serie ganz neue Möglichkeiten, Mordanschläge auf Hauptfiguren und deren Familie waren plötzlich keine leeren Drohungen mehr. Einem MacGyver, einem Magnum oder dem A-Team wäre das nicht passiert.“*[51]
- Nicht nur die Täter, sondern auch die von dem oder den Verbrechen betroffenen Figuren rücken stärker ins Zentrum der Geschichte. Beispielsweise widmet sich die erste Staffel von KOMMISARIN LUND – DAS VERBRECHEN wesentlich ausführlicher als üblich der Situation der trauernden Angehörigen und den Freunden des Opfers.
- Die Öffnung des Kriminalfilms für neue Perspektiven bzw. die Ergänzung des Krimi-Plots um anders geartete Handlungsstränge bedeutet auch eine Erweiterung des Genres in Bezug auf seine Tonalität: Das Privatleben von Ermittlern und Tätern wird als Drama aufbereitet. Der Angehörigen-Strang in KOMMISARIN LUND – DAS VERBRECHEN *„ist ein tragisches Melodrama, die Stimmung düster und gedrückt“*, er *„fördert und fordert die emotionale Einbindung des Zuschauers“*.[52] Damit werden die Grenzen des Genres überschritten, neue Mischungen und Spielformen entstehen.

---

50 THE SOPRANOS (Die Sopranos). 86 Folgen. Konzept: David Chase. USA, HBO 1999–2007.

51 Zitat aus einem 2014 im Internet kursierenden, viel beachteten Aufsatz, der als Autor das Pseudonym DJ Frederiksson benennt.
DJ Frederiksson: Die ausbleibende Revolution. Eine Analyse, was die Qualität der neuen US-Serien eigentlich ausmacht und warum genau diese Qualität im deutschen Fernsehen auf unbestimmte Zeit nicht zu sehen sein wird. In: http://d-trick.de, S. 10.

52 Lea Gamula, Lothar Mikos: Nordic Noir. Skandinavische Fernsehserien und ihr internationaler Erfolg. München 2014, S. 82f.

Diese und andere denkbare ‚Innovationen' verweisen zurück auf Hitchcock. Seine Filme enthalten zahlreiche der hier aufgezeigten Besonderheiten, wie den Tod eines Protagonisten lange vor der Auflösung der Geschichte, genauso die Aufnahme der Täterperspektive oder die Vermischung der Genres Thriller und Melodram.[53] An Hitchcocks Klassikern lassen sich bereits Variationen erkennen, die heute wieder als neue Möglichkeiten in den Fokus des Erzählens rücken. Im Unterschied zur aktuellen Entwicklung demonstrieren seine Filme die genannten Elemente allerdings im Spielfilm mit zeitlich begrenzter, abgeschlossener Handlung.

Demgegenüber bedeutet die Auflösung des tradierten Krimis im zeitgemäßen Trend häufig den Übergang zu einer komplexeren, ungleich ausführlicheren Serienstruktur. Fast alle genannten Variationen wurden bereits in US-amerikanischen Serien, weniger im deutschen TV durchgespielt. Wie und in welcher Form sie sich auf das noch weitgehend linear ausgerichtete, quotenorientierte deutsche Fernsehen übertragen lassen, werden die nächsten Jahre zeigen. Eine Serien-Diskussion kann hier nicht geführt werden.[54]

Auffallend ist allerdings, dass für fast alle genannten Neuerungen die Entwicklung einer besonderen Figurenpsychologie wesentlicher Bestandteil ist. Horizontales Erzählen erscheint besonders sinnvoll, wenn individuelle Charaktere ausreichend Raum bekommen, um sich in alle erdenklichen

53 Vgl.: Besprechung von PSYCHO in Kapitel 1 Hintergründe. – Die Mischung von Thriller und Melodram lässt sich nicht an PSYCHO, aber beispielsweise an VERTIGO nachvollziehen.
Vgl.: VERTIGO (Vertigo – Aus dem Reich der Toten), R: Alfred Hitchcock, B: Alec Coppel, Samuel A. Taylor, USA 1958

54 Seit 2015 boomt serielles Erzählen, zunehmend entsteht ein Überangebot. Das wird auch dramaturgische Auswirkungen haben: Sie könnten in kürzeren Staffeln (Mini-Serien), verdichteten Handlungen und stärkeren Hooks bestehen. Zahlreiche Innovationen, vor allem aus dem Bereich Figurenentwicklung und daraus resultierend auch die größere Durchmischung des Genres mit dramatischen und melodramatischen Elementen, werden bleiben, denn darauf war die Perspektive in den letzten Jahren zu wenig gerichtet. Eine ausführliche Diskussion zu dramaturgischen Entwicklungen und zeitgemäßem seriellen Erzählen führt die Autorin in: Fahmüller, Eva-Maria: Neue Dramaturgien. Zwischen Monomythos, Storyworld und Serienboom. Berlin 2017.

Richtungen, frei von den Begrenzungen des Krimi-Genres, zu entwickeln. Die eher statischen und typisierten ‚Psychopathen' finden in aktuellen Kult-Serien deshalb seltener Verwendung. Es gibt insgesamt weniger eskapistische Verklärung. Themen und Figuren sind oft präziser zugespitzt, innere Konflikte ausgereizt, Verbrechen sind ein gängiges Sujet. Dabei entspricht es der Erwartungshaltung der Zielgruppe, festgefügte Muster teilweise zu verlassen oder zu modifizieren. Die Genese, der Ausbruch, die Manifestation, aber auch die Heilung von und der Umgang mit psychischen Störungen entspricht der Welt dieser Erzählungen, genau wie unsere schnelllebige Zeit. Figuren mit Depressionen, Manien, Ängsten, Zwängen, Wahnvorstellungen und Persönlichkeitsstörungen in Kriminalgeschichten sind also besonders im Serienkontext noch lange nicht zu Ende erzählt.

ANHANG
DIE ERHEBUNG ALS GRUNDLAGE

Wissenschaftliche Interpretationen zu Figuren mit psychischen Krankheiten befassen sich in der Regel mit dem Kinofilm. Sie würdigen den jeweiligen innovativen Ausdruck, das Individuelle und Künstlerische. Auch Ärzte, Therapeuten und Psychoanalytiker befassen sich mit der Klassifikation und der besonderen Ausprägung von psychischen Störungen so unterschiedlicher Kinohelden wie Batman, Hannibal Lecter oder Citizen Kane.[55]

Genau das hat meinen Blick zunächst weg vom Kino mit seinen besonderen Geschichten, hin zum Fernsehen gelenkt. Denn dort werden auf vorgegebenen Sendeplätzen Standards erzählt, die sich einigermaßen flüchtig rezipieren lassen und die deshalb geeigneter erscheinen, um Muster für eine erste Betrachtung herauszuarbeiten: Es gibt bislang kaum Texte oder Untersuchungen die dazu beitragen, entsprechende Fragen im TV-Bereich zu beantworten. Es hilft nur ein Blick auf das Fernsehen selbst. Doch aufgrund der unterschiedlichen Sender, Sendeplätze und Formate ist

55 Neben vielen anderen können die folgenden Bücher als Beispiele gelten:
Stephan Doering, Heidi Möller (Hrsg.): Frankenstein und Belle de Jour. 30 Filmcharaktere und ihre psychischen Störungen. Heidelberg 2008;
Dies.: Batman und andere himmlische Kreaturen. Nochmal 30 Filmcharaktere und ihre psychischen Störungen. Heidelberg 2010;
Lutz Wohlrab (Hg.): Filme auf der Couch. Psychoanalytische Interpretationen. Gießen 2006;
Parfen Laszig, Gerhard Schneider (Hg.): Film und Psychoanalyse. Kinofilme als kulturelle Symptome. Gießen 2008.

es ein zu weites Feld für eine Autorin und einen Aufsatz, alle Varianten zu untersuchen. Um zunächst also auf naheliegende Fragen wie: ‚Welche Störungen?', ‚Wie häufig vertreten?' und ‚Welche Genres?' einigermaßen präzise Antworten zu finden und daraus das weitere Vorgehen ableiten zu können, musste eine Auswahl im Fiction-Bereich getroffen werden.

Kriterium hierfür war die Suche nach Sendeplätzen die als „Qualitätsfernsehen" gelten, damit ein relativer Spielraum für gesellschaftlich relevante Themen, Kreativität und Können gewährleistet ist. Die dem Aufsatz zugrunde liegende Untersuchung beschränkt sich dementsprechend auf zwei renommierte Sendeplätze und einen von Vorgaben unabhängigen Preis. Betrachtet wurden insgesamt 45 Filme aus den ARD-Reihen TATORT/POLIZEIRUF (Sonntag 20.15 Uhr), 47 Filme des ZDF-Sendeplatzes FERNSEHFILM DER WOCHE (Montag 20.15 Uhr) und sämtliche Grimme-Nominierungen aus dem Bereich ‚Fiktion: Fernsehspiel/TV-Movie' aus den Jahren 2013 und 2014.[56] Die daraus resultierenden Ergebnisse erheben aufgrund des subjektiven Designs der Untersuchung natürlich nicht den Anspruch repräsentativ zu sein. Es lassen sich allerdings einige sehr deutliche Tendenzen entnehmen.

Insgesamt wurden 136 Fernsehspiele ausgewertet. Davon enthalten 32 Filme Figuren, die ausgeprägte Symptome einer psychischen Störung aufweisen im Sinne *„erhebliche(r), krankheitswertige(r) Abweichungen des Denkens, Handelns, Fühlens von einer festgelegten Norm, die bei den Betroffenen großes persönliches Leid verursachen können"*.[57]

56 Betrachtet wurden die Inhalte sämtlicher Filme auf dem ARD- und ZDF-Sendeplatz vom 01.01.2013 bis zum 09.03.2014. Serien und Mini-Serien fanden aufgrund der schwierigen Vergleichbarkeit und Fülle des dann zu sichtenden Materials keine Berücksichtigung.

57 Bundesministerium für Bildung und Forschung (Hg.): Seele aus der Balance. Erforschung psychischer Störungen. Berlin 2011, S. 16.

KRANKHEITEN

Dabei ergibt sich die folgende Verteilung von Krankheitsbildern:[58]

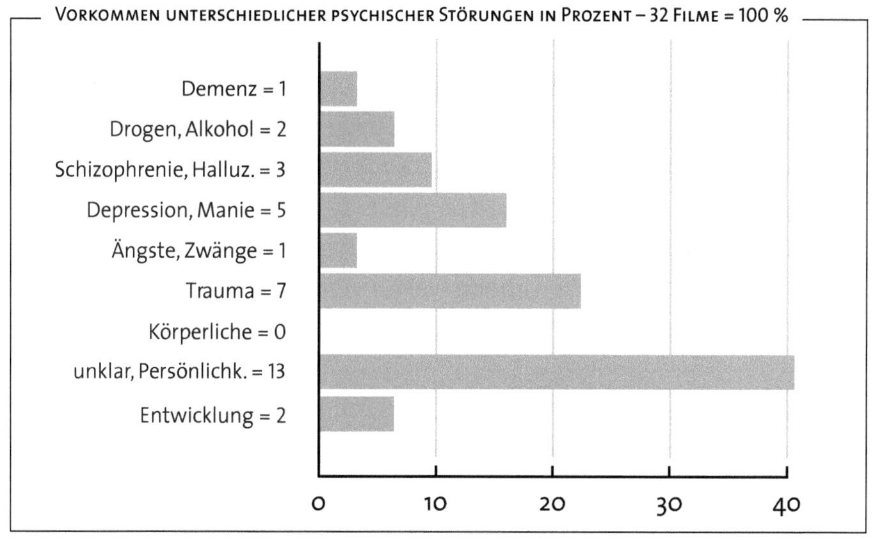

Erwähnenswert ist zunächst, dass Angst- und Zwangsstörungen (F40-F48) unter den labilen Filmfiguren wesentlich seltener auftreten als unter den psychisch Erkrankten in der deutschen Bevölkerung. In der

58 Die Einteilung ist im weitesten Sinne angelehnt an die Klassifikation des ICD-10. Die meisten Filmfiguren lassen eine klare Symptomatik erkennen. Trotzdem bleibt die aufgeführte Verteilung von Krankheitsbildern ein Stück weit ungenau, da in vielen Filmen die Diagnosen nicht ausdrücklich benannt werden und gängige Diagnoseverfahren wie das ausführliche Gespräch mit dem Betroffenen entfallen. Abweichungen zur Klassifikation des ICD-10: 1. Die Auflistungen des ICD-10 von F0 bis F9 werden durch umgangssprachliche Krankheitsbezeichnungen wie ‚Demenz' stark vereinfacht. 2. Störungen die sich aufgrund eines traumatischen Erlebnisses entwickelt haben, werden nicht unter Ängste/Zwänge, entsprechend F4 gefasst, sondern unter dem Begriff ‚Trauma' einzeln aufgeführt. Grund dafür ist, dass derartige Störungen in den untersuchten Filmen relativ häufig erzählt werden. 3. Aufgrund ihres seltenen Auftretens werden alle Störungen laut ICD-10 F8 und F9, die Kinder und Jugendliche betreffen, unter dem Begriff ‚Entwicklung' zusammengefasst.

Realität ist dies die größte Gruppe psychischer Störungen überhaupt.[59] In der Realität an zweiter Stelle, in TV-Filmen mit 6,3% aller Erkrankten ebenfalls unterrepräsentiert, sind Störungen durch die Einnahme psychoaktiver Substanzen wie Alkohol, Drogen oder bestimmte Medikamente (F10-F19).

Demgegenüber fällt auf, dass es in den untersuchten TV-Filmen einen starken „Trend zum Trauma“ gibt. 21,9% aller Filmfiguren mit psychischer Störung leiden unter einer posttraumatischen Belastungs- oder Anpassungsstörung, also einer problematischen Reaktion auf für sie einmalige oder fortbestehende belastende Ereignisse aus der Vergangenheit (F43). Dies ist im Vergleich mit der Anzahl real auftretender Traumata deutlich überrepräsentiert. Mögliche Gründe hierfür werden in einem Aufsatz über Traumaerzählungen genauer erläutert, der Ende 2015 erscheint.

Noch auffälliger ist jedoch die große Zahl der Figuren mit Persönlichkeits- und Verhaltensstörungen (F60-69). 40,6 % aller psychisch erkrankten Figuren in den untersuchten Filmen besitzen *„tief verwurzelte, anhaltende Verhaltensmuster, die sich in starren Reaktionen auf unterschiedliche persönliche und soziale Lebenslagen zeigen. Sie verkörpern gegenüber der Mehrheit der betreffenden Bevölkerung deutliche Abweichungen im Wahrnehmen, Denken, Fühlen und in den Beziehungen zu anderen.“*[60]

---

59 Zur Erläuterung wird im Folgenden die 12-Monatsprävalenz der angeführten psychischen Störungen genannt, also der Prozentsatz der von einer Störung Betroffenen in der gesamten Bevölkerung innerhalb von 12 Monaten. Die 12-Monatsprävalenz ist nicht mit den Ergebnissen der Erhebung unter Filmfiguren vergleichbar, da die Gesamtzahl der Filmfiguren auf einer willkürlichen Größe basiert und in der Realität die gesamte deutsche Bevölkerung als Ausgangspunkt erfasst wird. Vergleichbar ist lediglich das jeweilige Verhältnis der Störungen untereinander.
Die 12-Monatsprävalenz bezüglich Angst- und Zwangsstörungen beträgt 16,2% (häufigste Störung).
Die 12-Monatsprävalenz bezüglich der Einnahme psychoaktiver Substanzen beträgt ca. 12% (zweithäufigste Störung).
Die 12-Monatsprävalenz bezüglich Posttraumatischer Belastungsstörungen beträgt lediglich 2,4%.
Vgl.: Hans-Ulrich Wittchen, Frank Jacobi: Studie zur Gesundheit Erwachsener in Deutschland (DEGS). Was sind die häufigsten psychischen Störungen in Deutschland? In: https://www.rki.de, S. 8.
Zahlreiche andere Untersuchungen kommen zu ähnlichen Ergebnissen.

60 In: http://www.icd-code.de/icd/code/F60-F69.html.

Bei dieser Klassifizierung geht es also weniger um zeitlich begrenzte Episoden, als um stark ausgeprägte, relativ stabile Merkmale der Persönlichkeit selbst. Darunter fallen zum Beispiel dauerhafte abnorme Störungen der Impulskontrolle (F63) und/oder der Sexualpräferenz (F65) sowie Verhaltensstörungen in Verbindung mit der sexuellen Entwicklung und Orientierung (F66).[61] In Filmen treten diese Figuren dann auf als zumeist männliche Serienvergewaltiger, Serienmörder, Sadisten, chronische Stalker oder Pädophile, die ihre Fantasien ausleben. Das, was dem Zuschauer auf den genannten namhaften Sendeplätzen überwiegend als psychische Störung präsentiert wird, sind also schwere Persönlichkeits- und Verhaltensstörungen.[62]

GENRES

Bei der Frage nach den Genres ist es sinnvoll, nur die für den Grimme-Preis nominierten Filme zu betrachten: Denn die ARD-Reihen TATORT/POLIZEIRUF enthalten per definitionem nur Krimis, aber auch der FERNSEHFILM DER WOCHE im ZDF ist stark krimilastig.

Unter den Grimme-Nominierungen zeigen 11 von 35 Filmen Figuren mit ausgeprägten psychischen Störungen. Darunter sind fünf Krimis, fünf

61 Die Prävalenz von Persönlichkeitsstörungen wird in zahlreichen Statistiken nicht erfasst oder mit Zahlen zwischen 3 und 18 % sehr unterschiedlich bewertet. Mehrfach wird darauf verwiesen, dass Menschen mit Persönlichkeitsstörungen nicht zwingend therapeutische Hilfe benötigen oder beanspruchen. Damit zusammenhängend ist auch die Überlegung, dass der Übergang zwischen einer leichteren Ausprägung wie z.B. einem narzisstischen Persönlichkeitsstil und einer schweren Störung nicht abgrenzbar ist. In der Definition des ICD-10 werden allerdings ausdrücklich nur schwere Ausprägungen bezeichnet. Bemerkenswert ist: In mehreren Arbeiten wird darauf verwiesen, dass die dissoziale (auch antisoziale) Persönlichkeitsstörung (emotionales Unbeteiligtsein, Verantwortungslosigkeit, geringe Frustrationstoleranz, niedrige Schwelle für gewalttätiges Verhalten) bei straffälligen Männern eine sehr große Rolle spielt. Als niedrigster Wert für dissoziale Persönlichkeitsstörungen unter männlichen Gefängnisinsassen werden 40% genannt.
Vgl.: N.N.: Persönlichkeits- und Verhaltensstörungen. https://www.uni-due.de, Feb. 2005, S. 5;
Emine Nebi, Omar Chehadi: Antisoziale Persönlichkeitsstörung. https://www.uni-due.de, 28.05.2011, S. 21.

62 Spezifische Persönlichkeits- und Verhaltensstörungen werden in drei Cluster eingeteilt: Cluster A: paranoide, schizoide; Cluster B: emotional instabile, histrionische, dissoziale; Cluster C: ängstliche, abhängige anankastische, passiv-aggressive. Die genannten Filmfiguren weisen in der Regel eine Persönlichkeitsstörung der Cluster A oder B

Dramen und nur eine Komödie. Die Tonalität der Filme, die von psychisch kranken Figuren erzählen, ist demnach überwiegend ernst.

Auch die Themen der bezeichneten Dramen sind schwerwiegend. So geht es beispielsweise um den Umgang einer Familie mit dem Selbstmord der Mutter, um Traumata von Menschen, die 1964 Heimkinder waren, um Mobbing und die Auswirkungen desselben auf die Familie. Gezeigt werden also Filme, die explizit eine seelische Verletzung thematisieren. Psychische Störungen werden als Besonderheit, nicht als integraler Bestandteil der Welt der Geschichte erzählt.

FUNKTIONEN

Bei der Suche nach spezifischen Funktionen von Filmfiguren lohnt wieder ein Blick auf alle 97 Krimis: 24 Filme zeigen zum Teil mehrere Figuren mit psychischen Störungen. Es gibt insgesamt drei erkrankte Kommissarinnen und Kommissare, fünf Opfer, zwei Zeugen, sechs Verdächtige und zwölf Täter. Von den zwölf Tätern hat das Morden bei fünf eine sexuelle Komponente.

Daraus folgt zum einen, dass Figuren mit psychischen Störungen überwiegend, wenn auch nicht ausschließlich, als Täter auftreten. (Einige Figuren machen sich aufgrund ihres ungewöhnlichen oder unangepassten Verhaltens lediglich verdächtig, erweisen sich im Laufe der Handlung aber als unschuldig.) Daraus folgt auch, dass der Typus des labilen Kommissars, bekannt aus zahlreichen amerikanischen Serien, Einzug in den deutschen Krimi gehalten hat.

Bei den TV-Dramen fällt darüber hinaus auf, dass Störungen oft als Reaktion auf eine äußere Belastungssituation zu verstehen sind. Die Krise wird häufig als akut und vorübergehend erzählt. Geschichten von Figuren, die unter einer Störung im Sinne einer längerfristigen, sich verselbständigenden Krankheit leiden, sind wesentlich seltener.

ERGEBNISSE

Als Ergebnis dieser Erhebung lassen sich insgesamt drei relevante Figurentypen hervorheben:

- Die gängigste Figur mit einer psychischen Störung im deutschen Fernsehen ist Täter in einem Mordfall. Ihr Genre ist der Krimi, sie leidet unter einer schweren Persönlichkeitsstörung.
- Für das Genre genauso elementar wie der Täter ist der Kommissar. Derweil werden auch labile Ermittler als relativ neue Erscheinung im aktuellen deutschen Krimi erzählt.
- Als dritte Variante treten im Drama vielfach Figuren in akuten psychischen Krisen auf, die als konkrete Reaktion auf eine äußere Belastung zu verstehen sind. Dabei spielen traumatische Erlebnisse eine große Rolle.

Eine vierte Figur weist über diese Erhebung hinaus. Denn Figuren, die mit vielfältigen und schwer einzuordnenden psychischen Störungen als Hauptfiguren im Zentrum der Geschichte stehen, finden eher im Kino ihren Platz. Oft geht es in ernsten Dramen wie Das weisse Rauschen oder Das Fremde in mir darum, dem Zuschauer die Lebenswirklichkeit längerfristig Erkrankter verständlich zu machen.

Des Weiteren ist im Kino eine größere Genre-Vielfalt möglich, die zunehmend genutzt wird, um positive Aspekte aus dem Leben psychisch Kranker zu beleuchten. Denn Menschen mit einer psychischen Störung erleben noch allerhand anderes: wie die Liebe, die in einer romantischen

Komödie wie SILVER LININGS ihren Ausdruck findet oder eine tiefe Freundschaft, die in einem Roadmovie wie VINCENT WILL MEER zum Tragen kommt.

LITERATURVERZEICHNIS

Benecke, Lydia: Auf dünnem Eis. Die Psychologie des Bösen. Köln 2014.

Frederiksson, D.J.: Die ausbleibende Revolution. Eine Analyse, was die Qualität der neuen US-Serien eigentlich ausmacht und warum genau diese Qualität im deutschen Fernsehen auf unbestimmte Zeit nicht zu sehen sein wird.
In: http://d-trick.de/wp-content/uploads/die_ausbleibende_revolution.pdf (29.03.2015).

Doering, Stephan; Möller, Heidi (Hrsg.): Frankenstein und Belle de Jour. 30 Filmcharaktere und ihre psychischen Störungen. Heidelberg 2008.

Doering, Stephan; Möller, Heidi (Hrsg.): Batman und andere himmlische Kreaturen. Nochmal 30 Filmcharaktere und ihre psychischen Störungen. Heidelberg 2010.

Deutschlandfunk Nova, Hörsaal: Kaputte Helden I. https://www.deutschlandfunknova.de/suche/ergebnisse?q=Kaputte%20helden, 08.08.2015 (15.03.2018).

Fahmüller, Eva-Maria: Neue Dramaturgien. Zwischen Monomythos, Storyworld und Serienboom. Berlin 2017.

Flaßpöhler, Svenja: Woher kommt das Böse? Hannah Arendt und die Ästhetik des Mordens. In: Wolfgang Ellenberger (Hg.): Der Tatort und die Philosophie. Schlauer werden mit der beliebtesten Fernsehserie. Stuttgart 2014.

Frank, Arno. Edel-Krimi-Serie „Verbrechen" im ZDF: Das ist aber mal ein netter Killer. In: Spiegel Online, 04.04.2013, http://www.spiegel.de/kultur/tv/edelkrimi-serie-verbrechen-im-zdf-nach-ferdinand-von-schirach-a-892075.html (29.04.2015).

Gamula, Lea; Mikos, Lothar: Nordic Noir. Skandinavische Fernsehserien und ihr internationaler Erfolg. München 2014.

Goldmann, Sven: Es gibt kein Verbrecher-Gen. Ferdinand von Schirach im Interview.
In: Der Tagesspiegel, 07.02.2015, http://www.tagesspiegel.de/medien/ferdinand-von-schirach-im-interview-es-gibt-kein-verbrecher-gen/11341946.html (21.03.2015).

Grau, Alexander: Malum. Das Böse als kulturelle Konstruktion. In: Freiwillige Selbstkontrolle Fernsehen (Hg.): Das Böse. Medien als Spiegel unserer Schattenseiten. tvdiskurs. Verantwortung in audiovisuellen Medien. 2/2014/18. Jg.

Haller, Reinhard: Die Seele des Verbrechers: Wie Menschen zu Mördern werden. Kindle-Edition, St. Pölten 2012.

Laszig, Parfen; Schneider, Gerhard (Hg.): Film und Psychoanalyse. Kinofilme als kulturelle Symptome. Gießen 2008.

N.N.: Persönlichkeits- und Verhaltensstörungen. https://www.uni-due.de/imperia/md/content/rke-ap/lehre/personlichkeitsstorungen_fr._dr.pdf, Feb. 2005 (17.03.2015).

Nebi, Emine; Chehadi, Omar: Antisoziale Persönlichkeitsstörung. https://www.uni-due.de/imperia/md/content/rke-forensik/material/nebi___berischt__psychopathie_1.pdf, 28.05.2011 (17.03.2015).

Saimeh, Nahlah: Jeder kann zum Mörder werden. Wahre Fälle einer forensischen Psychiaterin. München/Berlin 2012.

Schirach, Ariadne von: Aus Liebe zum Tod. Alain Badiou und ermittelnde Singles. In: Ellenberger, Wolfgang (Hg.): Der Tatort und die Philosophie. Schlauer werden mit der beliebtesten Fernsehserie. Stuttgart 2014.

Schmidt, Lynn Victoria: 45 Master Characters. Mythic Models for Creating Original Characters. Cincinnati 2001.

Seeßlen, Georg: Thriller. Kino der Angst. Marburg 1995.

Spoto, Donald: Alfred Hitchcock und seine Filme. München 1999.

Tittelbach Rainer: Fernsehfilm „Zorn – Tod und Regen". In: tittelbach.tv http://www.tittelbach.tv/programm/fernsehfilm/artikel-3158.html (29.05.2015).

Truffaut, François: Mr. Hitchcock, wie haben Sie das gemacht? München 1999.

Vogler, Christopher: Die Odyssee des Drehbuchschreibers. Über die mythologischen Grundmuster des amerikanischen Erfolgskinos. Frankfurt/Main 1999.

Wittchen, Hans-Ulrich; Jacobi, Frank: Studie zur Gesundheit Erwachsener in Deutschland (DEGS). Was sind die häufigsten psychischen Störungen in Deutschland? In: https://www.rki.de/DE/Content/Gesundheitsmonitoring/Studien/Degs/degs_w1/Symposium/degs_psychische_stoerungen.pdf?__blob=publicationFile, 14.06.2012 (11.03.2015).

Wohlrab Lutz (Hg.): Filme auf der Couch. Psychoanalytische Interpretationen. Gießen 2006.

Wulff, Hans J.: Psychiatrie im Film. 3. Die Kranken II: Psychopathien und Fetische. In: http://www.derwulff.de/1-4-3 (21.03.2015).

FILMVERZEICHNIS

BASIC INSTINCT: R: Paul Verhoeven, B: Joe Eszterhas, USA 1992.

BLOCH. 24 Episoden, Konzept: Peter Märthesheimer und Pea Fröhlich, D, SWR/WDR 2002–2013.

BLUTIGE FÄHRTE. Reihe: STRALSUND, R: Martin Eigler, B: Martin Eigler, Sven Poser, D 2010.

BROADCHURCH. 32 Episoden, Konzept: Chris Chibnall, UK, ITV seit 2013.

CRIMINAL MINDS, 231 Episoden, Idee: Jeff Davis, USA, CBS seit 2005.

DAS FREMDE IN MIR: R: Emily Atef, B: Emily Atef, Esther Bernstorff, D 2008.

DAS WEISSE RAUSCHEN: R: Hans Weingartner, B: Hans Weingartner, Tobias Amann, D 2002.

DEAD CALM (Todesstille): R: Phillip Noyce, B: Terry Hayes, Australien/USA 1989.

DERRICK. 281 Episoden, B: Herbert Reinecker, D, ZDF/ORF/SF 1974–1998.

DEXTER. 96 Episoden, Idee: Jeff Lindsay, Lauren Gussis, Timothy Schlattmann, USA, Showtime 2006–2013.

DIE SONNE STIRBT WIE EIN TIER. Reihe: TATORT LUDWIGSHAFEN R: Patrick Winczewski, B: Harald Göckeritz, D 2015.

DUELL, R: Steven Spielberg, B: Richard Matheson, USA 1971.

EXTREME AGGRESSOR (Der Abgrund). CRIMINAL MINDS, R: Richard Shepard, B: Jeff Davis, USA 2005.

FATAL ATTRACTION (Eine verhängnisvolle Affäre): R: Adrian Lyne, B: James Dearden, USA 1987.

FLEMMING. 22 Episoden, B: Gregor Edelmann, D, ZDF 2009–2012.

FORBRYDELSEN (Kommissarin Lund – Das Verbrechen/The Killing). 40 Episoden, Idee: Søren Sveistrup, DK 2007–2012.

FRANZISKA. Reihe: TATORT KÖLN. R: Dror Zahavi, B: Jürgen Werner. D 2014.

GRÜN. VERBRECHEN – NACH FERDINAND VON SCHIRACH. R: Hannu Salonen, B: Nina Grosse. D 2013.

HOMELAND. 48 Episoden, Idee: Howard Gordon, Alex Gansa, USA, Showtime seit 2011.

MONK. 125 Episoden, Idee: Andy Breckman, USA Network 2002–2009.

NEBEN DER SPUR – ADRENALIN. R: Cyrill Boss, Philipp Stennert, B: Frederik Weis, Cyrill Boss, Philipp Stennert nach dem Roman von Michael Robotham, D 2015.

NIEDERE INSTINKTE. Reihe: TATORT LEIPZIG. R: Claudia Garde, B: Sascha Arango, D 2015.

PSYCHO: R: Alfred Hitchcock, B: Joseph Stefano, USA 1960.

SCHIMANSKI. 17 Episoden, D, ARD 1997–2013.

SCHIMANSKI als Hauptfigur im TATORT: 29 Episoden, davon 2 mit Kino-Auswertung, D, ARD 1981–1991.

SCHULD – NACH FERDINAND VON SCHIRACH: R: Hanno Salonen, Maris Pfeiffer, B: Jobst Oetzmann, André Georgi, Nina Grosse, Jan Ehlert, D 2014.

SILVER LININGS PLAYBOOK (Silver Linings): R und B: David O. Russell, USA 2012.

TATORT DORTMUND. 6 Folgen, D seit 2012.

TATORT KÖLN. 7 Episoden. D, WDR 1971–1973.

THE HAND THAT ROCKS THE CRADLE (Die Hand an der Wiege): R: Curtis Hanson, B: Amanda Silver, USA 1992.

THE SOPRANOS (Die Sopranos): 86 Folgen. Konzept: David Chase. USA, HBO 1999–2007.

THE STEPFATHER (Kill, Daddy, Kill/Spur in den Tod 2): R: Joseph Ruben, B: Donald E. Westlake, USA 1987.

THE WIRE, 60 Episoden, Idee: David Simon, USA, HBO 2002-2008.

VERTIGO (Vertigo – Aus dem Reich der Toten), R: Alfred Hitchcock, B: Alec Coppel, Samuel A. Taylor, USA 1958.

VINCENT WILL MEER: R: Ralf Huettner, B: Florian David Fitz, D 2010.

WHITE HEAT (Sprung in den Tod): R: Raoul Walsh, B: Virginia Kellogg, Ivan Goff, Ben Roberts, USA 1949.

ZORN – TOD UND REGEN. R: Mark Schlichter, B: Stephan Ludwig, Mark Schlichter, D 2014.

ZORN – VOM LIEBEN UND STERBEN. R: Mark Schlichter, B: Stephan Ludwig, D 2015.

master school drehbuch

Wir sind die Spezialisten für Drehbuchschreiben, Dramaturgie und Stoffentwicklung.

Wir bieten Seminare und Lehrgänge – am Abend, am Wochenende oder Vollzeit – online und in Berlin.
Für alle, die mit Geschichten arbeiten und die Möglichkeiten von Storytelling und Dramaturgie noch besser nutzen und verstehen wollen.

www.masterschool.de

Wir glauben an die Kraft guter Geschichten.

master school drehbuch

Tel: +49-(0)30-325 38 355 | E-Mail: info@masterschool.de

Aus Freude am Denken!

Schriften zu dramaturgischen und filmwissenschaftlichen Aspekten

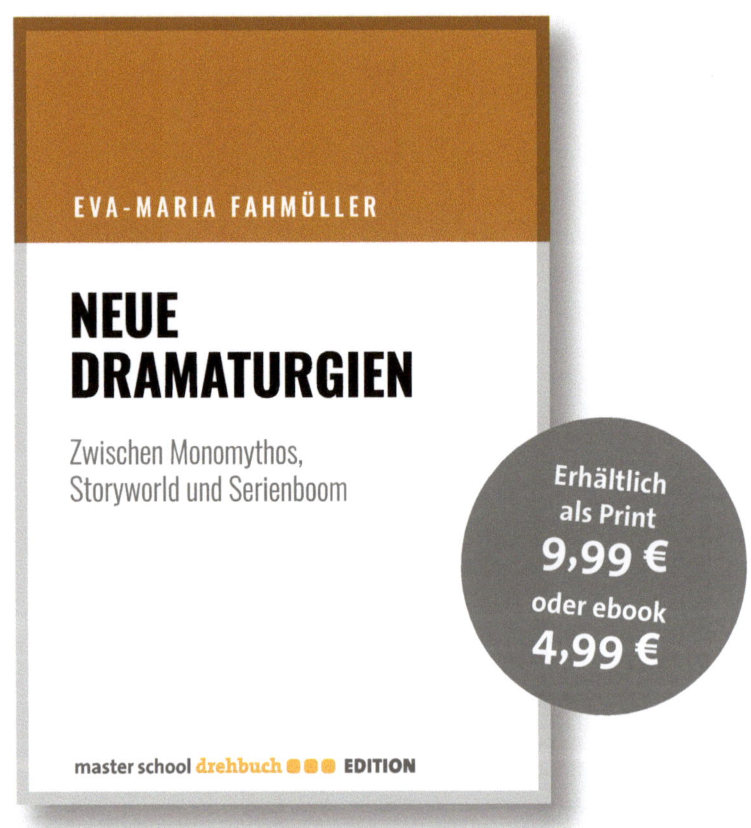

master school drehbuch EDITION

REZENSION ZU »NEUE DRAMATURGIEN«
ERSCHIENEN IM JANUAR 2018 AUF STOFFMUSTER.DE
UND FILMSCHREIBEN.DE

LEERSTELLEN DER DRAMATURGIE

VON ALEXANDER LAUBER

In ihrem kürzlich erschienenen Buch „Neue Dramaturgien: Zwischen Monomythos, Storyworld und Serienboom" fasst die VeDRA-Vorsitzende und Leiterin der renommierten Master School Drehbuch, Eva-Maria Fahmüller, die aktuellen Entwicklungen in der Film- und Seriendramaturgie zusammen und stellt die Frage nach gesellschaftlichen Bezügen und Möglichkeiten der praktischen Anwendung, insbesondere im deutschsprachigen Raum. Ich traf meine Kieznachbarin einen Tag vor Heiligabend bei frisch gepresstem Orangensaft und Maronensuppe und wir sprachen über die großen und die kleinen Dinge des Lebens (wie die Zukunft des Fernsehens) – und hätten uns sicher noch viel länger unterhalten können, hätten wir nicht aus reiner Gewohnheit und ein wenig vorweihnachtlichem Termindruck unser Zeitfenster auf das klassische Spielfilmformat von 120 Minuten begrenzt.

Ich stelle mir vor, dass es einmal eine Zeit gegeben hat, als Geschichtenerzähler zu den wichtigsten Personen eines Stammes oder einer Gruppe gehört haben – wichtiger noch als die Stammesältesten oder Häuptlinge. Wer die Geschichte kontrolliert, kontrolliert auch die Gegenwart und die Zukunft. Heutzutage ist es kein Privileg mehr, ein Geschichtenerzähler zu sein. Jeder ist ein Autor. Nietzsche sagte: *„Einer allein hat niemals recht – und zwei sind schon nicht mehr zu widerlegen."* Heute ist jeder sein eigenes

Publikum, jeder ist mit seiner Geschichte allein. Wir werden ständig vor die Wahl gestellt, wer wir sein wollen. Alles passiert gleichzeitig. Die Wahl zu haben ist wichtiger, als sich zu entscheiden.

Brauchen neue Zeiten neue Dramaturgien? Glaubt man Eva-Maria Fahmüller, der Autorin des Buches „Neue Dramaturgien: Zwischen Monomythos, Storyworld und Serienboom", dann lautet die Antwort: ‚Ja'. Doch obwohl Fahmüller vor den großen Fragen nicht zurückschreckt, ist ihr Ansatz doch pragmatischer. Sie tritt nicht an, die alten, manchmal vielleicht alt-modisch wirkenden Dramaturgien durch den neuesten Schrei des jüngsten Hollywood-Gurus zu ersetzen. Stattdessen richtet sie ihren Blick auf die Leerstellen, auf die Fragen, die die alten Dramaturgien, die der ‚Old School' und die der ‚New School', nicht beantwortet haben. Und da gibt es in der Tat eine Menge und wie es scheint, fangen wir gerade erst an, diese Leerstellen zu besetzen.

Die Einteilung in eine ‚Old School'- und eine ‚New School'-Dramaturgie stammt von André Georgi, der auch das Vorwort zu den „Neuen Dramaturgien" beigetragen hat. Vereinfacht gesagt gehören zur Old School die plot-zentrierten, auf Aristoteles (und Joseph Campbell) basierenden Modelle eines Syd Field und Robert McKee. Zur New School hingegen zählen die mehr charakter-basierten Modelle eines Keith Cunningham und eines John Truby. Beiden ist gemein, dass sie nach Einheit und nach Auflösung (einem Happy End oder einer Katharsis) streben – und dass sie in hohem Maße unwissenschaftlich sind. Die Handbücher dieser beiden Schulen haben mehr den Charakter von Ratgeber-Literatur; sie kommen über das Niveau einer gut informierten Meinung nicht hinaus. Beispiele, die nicht ins Konzept passen, werden kurzerhand ausgeblendet. Eine kritische Prüfung der eigenen Theorie findet nicht statt.

Was sind nun aber diese Leerstellen? In ihrer knapp 150 Seiten langen Untersuchung nennt Fahmüller gerade mal drei und erhebt dabei ausdrücklich keinen Anspruch auf Vollständigkeit. Doch diese drei haben es durchaus in sich.

Leerstelle 1: Empathie

Die New School mit ihrem stärkeren Fokus auf Figurenentwicklung hat uns zweifellos einige wichtige Werkzeuge beschert, um bessere Figuren zu erzählen. Doch kann sie die Frage beantworten, was uns Zuschauern eigentlich an eine Figur bindet? Sehen wir uns fünf Staffeln einer Serie an, bloß weil die Hauptfigur in Szene 1 der ersten Folge eine Katze gerettet hat, wie Blake Snyder es in seinem ‚Save the Cat'-Approach vorschlägt? Fahmüller erwähnt lobend die bestehenden Ansätze, z.B. die ‚Human-Factor'-Methode von Roland Zag. Aber sie fragt weiter: Welche Ansätze aus der Filmwissenschaft haben praktische Relevanz? Was kann die Theorie der Spiegelneuronen, die in den vergangenen Jahren so viel Aufmerksamkeit erfuhr, uns über das Thema Empathie verraten? Fahmüller fragt mehr, als dass sie selbst Antworten gibt – und hofft genau dadurch einen Diskurs anzuregen.

Auf der Facebook-Seite der Master School Drehbuch warnte die Autorin potenzielle Leser mit einem Augenzwinkern davor, ihr Werk sei „theorielastig" und „keine leichte Kost". Doch genau das ist eines der hervorstechendsten Merkmale der „Neuen Dramaturgien": Ihre Methode ist sehr viel wissenschaftlicher. Es geht nicht um einfache Antworten, sondern um genaues Fragen. Bei aller ‚Theorielastigkeit' sind die „Neuen Dramaturgien" dennoch sehr gut lesbar und der praktische Nutzen steht eindeutig im Vordergrund.

Leerstelle 2: Raum

Wenn Sie, wie ich, zu den Autoren gehören, für die ‚Transmedia' nur eines von diesen neumodischen Worten ist, die für ihre Arbeit bisher keinerlei Relevanz hatten, dann ist es vielleicht an der Zeit, sich selbst ein kleines Update zu verpassen, um an einige der neueren Entwicklungen anzuschließen. Denn Transmedia betrifft auch reine Film- und Fernsehautoren, so es sie denn heute überhaupt noch gibt. Transmedia stellt eine uralte dramaturgische Frage neu: Was ist Raum? Die vielleicht weitreichendste Überlegung der „Neuen Dramaturgien" stellt die Frage: Was wäre, wenn Geschichten nicht nur, wie von der Old School und der New School vorgeschlagen, in der Zeit, sondern auch, und vielleicht sogar primär, im Raum stattfinden?

Die Frage mag zunächst theoretisch wirken, doch die Praxis hat die Theorie an dieser Stelle längst überholt. Das ‚Marvel-' oder das ‚Star Wars-Universum', aber auch Spinoff-Serien wie Better Call Saul machen vor, was es heißt, mehr in die Breite zu gehen als immer nur geradeaus. Die Welt der Geschichte rückt zunehmend in den Mittelpunkt. War die Old School handlungs-zentriert (plot-driven) und die New School charakter-zentriert (character-driven), sind die „Neuen Dramaturgien" vielleicht welt-zentriert (world-driven)?

Man sollte an dieser Stelle nicht vergessen, dass praktische Dramaturgie eine Sprache ist, die auch von Nicht-Dramaturgen gesprochen wird und vor allem: verstanden werden muss. Ob wir in Zukunft mehr welt-zentrierte Geschichten erleben werden, hängt also nicht zuletzt davon ab, ob dieser Ausdruck den Weg ins Aktiv-Vokabular von Dramaturgen und Produzenten findet.

LEERSTELLE 3: RAUM

Deutsche Sender lieben es realistisch. Deswegen sind Genres im deutschen Fernsehen weitgehend tabu. Doch es gibt ihn, den ‚Neuen Deutschen Genrefilm' und Fahmüller schenkt ihm in ihrem Buch die längst überfällige Aufmerksamkeit. Schnell wird deutlich: Genrefilmer sind keine Randgruppe und eines der wenigen deutschen Genre-Festivals, die Genrenale, versteckt sich möglicherweise zu Unrecht im Schatten ihrer großen Schwester, der Berlinale. Die Frage, die sich jedoch für Dramaturgen stellt, ist: Welche Stile gibt es eigentlich noch außer dem realistischen Stil? Und was zeichnet diese Stile aus? Auch bei dieser Frage lässt uns die bestehende Theorie weitgehend im Stich. Philip Parker („Die kreative Matrix") gehört zu den wenigen praktischen Dramaturgen, die sich überhaupt des Themas annehmen und der uns zumindest mit einer kurzen Auflistung möglicher Stile versorgt. Doch wie ist er auf diese Liste gekommen? Und wie genau hängen eigentlich Stile und Genres zusammen? Besonders im genre-unerfahrenen deutschen Filmmarkt besteht an dieser Stelle noch erheblicher Klärungsbedarf.

Fahmüller nennt noch weitere Punkte, die der Untersuchung bedürfen, ohne genauer darauf einzugehen. Zum Beispiel die in der Filmwissenschaft so zentrale Unterscheidung zwischen Plot und Fabula, also zwischen Erzählung und Erzähltem, die von den bekannten Drehbuchgurus häufig übergangen wird.

FAZIT

Es ist vielleicht noch zu früh, von einer neuen, einer dritten Welle der Film- und Fernsehdramaturgie zu sprechen. Doch Fahmüller gelingt es, eine Brücke zu schlagen zwischen der oftmals erschreckenden unwissenschaftlichen Herangehensweise der Old School und der New School auf der einen und den vielfach allzu abgehobenen und praxisfernen Methoden der Filmwissenschaft auf der anderen Seite. Indem sie über den Tellerrand der klassischen Dramaturgie hinausblickt und Antworten auch aus anderen Disziplinen nicht ausschließt, weitet sie unseren Blick und stößt damit hoffentlich eine rege und fruchtbare Diskussion an. Fahmüller will ihren Ansatz ausdrücklich nicht als Vorstufe einer neuen Einheitsdramaturgie verstanden wissen und wirbt für mehr Vielfalt und Toleranz auch in dramaturgischen Fragen. Sie zitiert dabei den Kulturwissenschaftler Douglas Rushkoff, der schreibt: *„Langsam aber sicher geben Film und Fernsehen den Kampf auf und akzeptieren die Zeit- und Ziellosigkeit einer immerwährenden Gegenwart. [...] Wie kann man Sinn erfahren, wenn einem die kohärente Erzählung fehlt?"* Das ist in der Tat die Frage, die es zu beantworten gilt. Und ein simples Modell wie das Drei-Akt-Modell ist dazu nicht mehr ausreichend.

Ich wünsche den „Neuen Dramaturgien" die Beachtung, die sie verdienen und kann das Buch Filmschaffenden und Storytellern, die auch vor ein klein wenig ‚grauer Theorie' nicht zurückschrecken, nur wärmstens ans Herz legen.

Alexander Lauber studierte Philosophie und Linguistik an der FU Berlin, ehe er sich in das Abenteuer Drehbuch stürzte. Sein Handwerk erlernte er an der Drehbuchwerkstatt Rhein/Ruhr und der Master School Drehbuch. Auf seinem Blog STOFFMUSTER.BERLIN – DIE DREHBUCHSCHNEIDEREI schreibt er über seine Lieblingsthemen: Drehbuchschreiben, Film- und Seriendramaturgie sowie Kreativität. Er bietet Drehbuchkurse an und kann als Lektor und Dramaturg gebucht werden.

Aus Freude am Denken!

Schriften zu dramaturgischen und filmwissenschaftlichen Aspekten

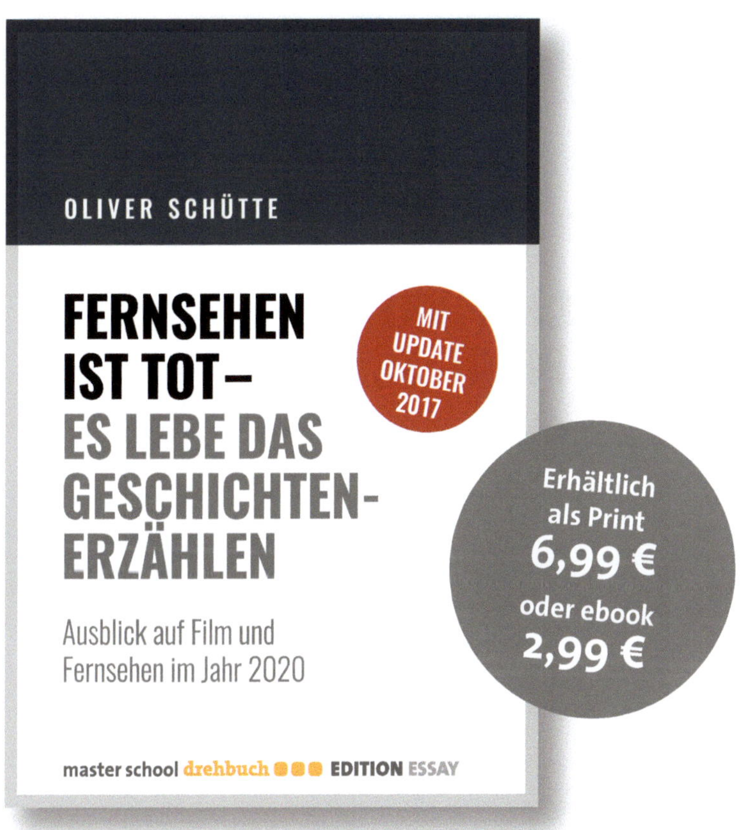

master school drehbuch EDITION

Aus Freude am Denken!

Schriften zu dramaturgischen und filmwissenschaftlichen Aspekten

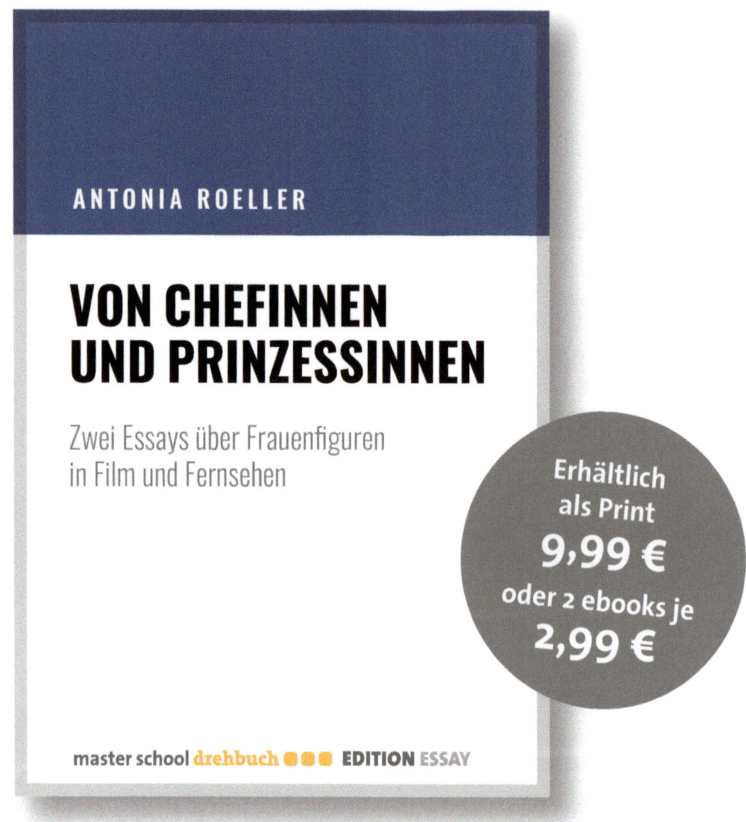

master school drehbuch EDITION

Lustige Postkarten

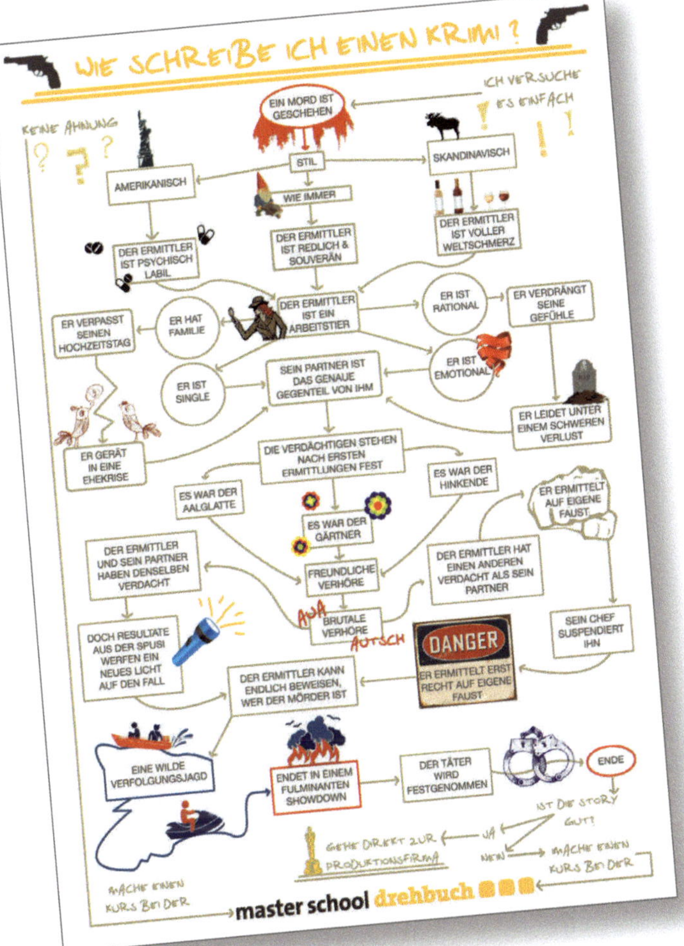

Legendär sind unsere »Lustigen Postkarten«, die wir mit großem Vergnügen entwickelt haben. Sie können diese und andere bei der Master School Drehbuch kostenfrei bestellen: www.masterschool.de

---

master school drehbuch